EVA SOLMAZ

Sitz. Platz. Aus?

Eva Solmaz ist Dipl.-Sozialpädagogin und Fachkraft für Psychomotorik und Sportförderunterricht. Sie forscht über die Bedeutung der frühen Mutter-Kind-Beziehung und hat ihre Ergebnisse in mehreren Fachzeitschriften veröffentlicht. Eva Solmaz arbeitet in der Kinder- und Jugendpsychiatrie Philipshospital im Bereich Tiergestützte Therapie. Sie ist verheiratet und hat einen 4-jährigen Sohn. Von ihr ist im Beltz-Verlag bereits das Buch »Besucherritze« erschienen.

EVA SOLMAZ

Sitz. Platz. Aus?

Mein Kind ist doch kein Hund
Das entspannte Erziehungsbuch

Dieses Buch ist auch als E-Book erhältlich:
ISBN: 978-3-407-22331-9

Wichtiger Hinweis
Die im Buch veröffentlichten Ratschläge wurden mit größter Sorgfalt und nach bestem
Wissen von der Autorin erarbeitet und geprüft. Eine Garantie kann jedoch weder vom
Verlag noch von der Verfasserin übernommen werden. Die Haftung der Autorin bzw.
des Verlages und seiner Beauftragten für Personen-, Sach- oder Vermögensschäden ist
ausgeschlossen. Wenn Sie sich unsicher sind, sprechen Sie mit Ihrem Arzt oder Thera-
peuten.
Das Werk und seine Teile sind urheberrechtlich geschützt. Jede Nutzung in anderen als
den gesetzlich zugelassenen Fällen bedarf der vorherigen schriftlichen Einwilligung des
Verlages. Hinweis zu § 52 a UrhG: Weder das Werk noch seine Teile dürfen ohne eine
solche Einwilligung eingescannt und in ein Netzwerk eingestellt werden. Dies gilt auch
für Intranets von Schulen und sonstigen Bildungseinrichtungen.

www.beltz.de

© 2014 Beltz Verlag • Weinheim und Basel
Umschlaggestaltung: www.anjagrimmgestaltung.de, Stephan Engelke (Beratung)
Umschlagabbildung: © Sally Anscombe/Getty Images, © Max Diesel/Fotolia.com,
© Thomas Kappes, gutentag-hamburg.de
Druck und Bindung: Beltz Bad Langensalza GmbH, Bad Langensalza
Printed in Germany

ISBN 978-3-407-85985-3
1 2 3 4 5   17 16 15 14 13

Für meine Großeltern

Inhalt

Einleitung – Einst im Wald · Seite 9

Teil 1: Leine oder Liebe?
Warum Dressur in der Kindererziehung
nicht der richtige Weg ist

Sitz. Platz. Aus! · Seite 14
Was haben wir denn da? · Seite 20
Strafe muss sein! · Seite 25
Familien sind keine Rockerbanden · Seite 28
Gut gemacht! · Seite 31
Was Bücher nicht können · Seite 34

Teil 2: Eltern werden ist nicht schwer,
Eltern sein dagegen sehr.
Ein kritischer Blick auf die Lebenssituation junger Familien

Vom schönen Leben · Seite 40
Pass gut auf! · Seite 43
Arbeitest du schon wieder? · Seite 45
Von Siegern und Verlierern · Seite 48
Geben wir dem Kind einen Namen · Seite 50
Du sollst nicht ... jeden Scheiß glauben · Seite 52
Kinder sind befremdlich · Seite 54
Kindheit ist nicht genug · Seite 56
Das Märchen vom selbstständigen Kind · Seite 58
Born to be wild? · Seite 60

Samstags gehört Vati mir   Seite 62
Woher kommt der kleine Tyrann?   Seite 65
Nur das Beste   Seite 72
Für 4,95 € die Trotzphase beenden   Seite 76
Punkt zwölf wird gegessen   Seite 79
Hilf mir!   Seite 84
Keine Panik   Seite 86
Ab in die Krippe   Seite 88

Teil 3: All we need is Love!
Was Kinder brauchen, um glücklich und gesund zu sein

Freunde statt Gemüse   Seite 92
Resilienz   Seite 96
Das schaffe ich schon   Seite 98
Die Liebe zum Leben   Seite 101
Ich weiß, was du fühlst   Seite 103
Immer langsam mit den jungen Pferden   Seite 106
Ganz der Papa   Seite 108
Warum tut er das nur?   Seite 112
Der Ernst des Lebens   Seite 115
Halte mich fest, damit ich gehen kann   Seite 117
Worte machen die Gedanken   Seite 122
Du bist mein Augenstern!   Seite 125
Ein Kopf ist kein Dampfkochtopf   Seite 128

Teil 4: Geht es auch anders?
Mit Kindern neue Wege gehen

Auf der Suche nach dem verlorenen Glück   Seite 132
Du sollst es später einmal besser haben!   Seite 135
Zweimal logisch   Seite 139
Gefahrenabwehr   Seite 141
Keine Zeit   Seite 143

Bereit fürs Leben   Seite 146
Das Leben ist ein Ponyhof   Seite 149
Ich bin am Ende   Seite 151

Teil 5: Anhang

Sagen Sie mir Ihre Meinung!   Seite 156
Literatur   Seite 157

Einleitung – Einst im Wald

Am Sonntagabend bekomme ich einen Anruf. »Ich hüte den Hund einer Freundin. Lass uns mal zusammen spazieren gehen!« »Klar, warum nicht?«, habe ich mir gedacht. Warum nicht? Die richtige Frage wäre eigentlich »Warum doch?« gewesen. Leichtsinnigerweise habe ich aber zugesagt, obwohl eigentlich viele offensichtliche Gründe dagegensprechen, mit zwei Dreijährigen, zwei Laufrädern, einem Baby und einem Hund in den Wald zu gehen. Abgesehen davon, dass man sich vorstellt, das wäre ein toller, entspannter Ausflug, der allen Beteiligten Spaß macht, spricht im Grunde genommen alles dagegen. Um mit seinem Kind in den Wald zu gehen, muss man es erst mal anziehen und da fangen die Probleme schon an. Erst holt man die falschen Schuhe, dann zieht man den falschen Schuh zuerst an, und dann erlaubt man sich auch noch die Tür selbst zu öffnen, obwohl das Kind das doch selber machen wollte … Hilfe! Will man parallel dazu noch ein Baby und einen Hund einpacken, potenzieren sich die möglichen Fehlerquellen noch mal um ein Hundertfaches und jeder normale Mensch ist schon am Rande eines Nervenzusammenbruchs, bevor der Spaziergang überhaupt erst losgeht.

Im Wald angekommen, werden die Laufräder ausgepackt. Das Laufrad vom Freund fährt prinzipiell besser, aber tauschen möchte man auf keinen Fall. Dann stimmt irgendwas mit dem Helm nicht. Den kann mein Sohn auf keinen Fall aufsetzen. Einundzwanzig, zweiundzwanzig … Ich versuche mich mit Atemtechniken und Autosuggestion zu beruhigen, aber Mist, ich habe einen Fehler gemacht. Ich habe für meinen Sohn »Fahrradhandschuhe« mitgenommen. Meine Freundin ist natürlich nicht auf die Idee gekommen, dass genau dieser Ausrüstungsgegenstand – ein blauer Handschuh mit Bärchenkopf im Hochsommer – elementar wichtig für einen Waldspaziergang ist. Ha! Da bin ich besser vorbereitet, allerdings auch nur, weil mein Sohn seit Monaten ein Ausrüstungsfetischist ist und ohne die passende Ausrüstung prinzipiell erst mal gar nichts macht. Nun macht aber der Sohn meiner Freundin erst mal gar nichts. Hm. Wo kriegen wir jetzt einen halbwegs akzeptablen Ersatz her? Natürlich werden alle angebotenen Kompromisse kategorisch abgelehnt. Nach einer längeren Diskussion waren wir komischerweise dazu in der Lage, einen Dreijährigen dazu zu überreden, trotz fehlender Handschuhe an unserem Spaziergang teilzunehmen. Ein Licht am Horizont. Aber nur ein kleines. Denn dann fahren uns die Jungens erst mal davon. Meine Freundin joggt mit Baby im Tragetuch hinterher. Wir versuchen uns zu unterhalten, was natürlich schwachsinnig ist.

So flitzen wir eine Weile durch den Wald. Plötzlich entdecken die Jungens etwas und bleiben stehen. Lange. Laufrad fahren ist seit Neustem – genau genommen seit zehn Minuten – total doof. O.K. Wir sind inzwischen mitten im Wald. Langsam müssten wir zurück. Unsere Kinder wollen nicht weiterfahren. Wir haben zwei Laufräder, ein Baby und Wickeltaschen dabei. Das kann anstrengend werden. Nun gut, dann tragen wir halt. Die Jungens trödeln hinterher. Mit den Laufrädern sind wir doch ganz schön weit gekommen, was in logischer Konsequenz auch zu einem langen Rückweg führt. Plötzlich wird das Baby unruhig. Es will gestillt werden. Klar, der Ausflug zieht sich in die Länge. Also erst mal stillen. Die Großen spielen. Wie idyllisch. Wir können weitergehen. Inzwischen spielen unsere Kinder nicht mehr, sondern streiten. Sie sind mittlerweile auch müde und hungrig: »Wir können nicht mehr laufen!« »Dann fahrt Laufrad!« »NEIN. TRAGEN!« Wir stehen vor der Entscheidung, zwei schlecht gelaunte Dreijährige noch eine weitere Stunde durch den Wald zu treiben oder uns einen Bruch zu heben. Wir entscheiden uns für den Bruch und schleppen Kind, Laufrad und Wickeltasche zum Auto. Meine Freundin hat noch ein Baby umgebunden. Nach ein paar Metern meint sie: »Der Hund ist aber brav, gell?« »Der Hund?« Ach ja, da war ja noch was. »Der ist wirklich brav.« »Der hört irgendwie besser als unsere Kinder, aber der hat ja auch schon seine Grundausbildung abgeschlossen.« »Hm. Wohl wahr. Es lässt sich nicht leugnen. An der Grundausbildung müssen wir noch arbeiten ...« Beim Auto angekommen, verabschieden wir uns komischerweise mit den Worten: »Es war schön. Das müssen wir demnächst wiederholen.« Aber mit besser ausgebildeten Kindern, denke ich mir.

Nun stellt sich aber die Frage, wie man das hinbekommen soll? Und was heißt eigentlich »besser ausgebildet«? Beim Hund ist das ja recht klar. Er sollte die Grundkommandos mehr oder weniger zuverlässig beherrschen, damit man mit ihm einen weitestgehend reibungsfreien Alltag verbringen kann. Da reicht es, wenn er auf »Sitz!«, »Platz!«, »Aus!« und vielleicht noch auf »Komm!«, »Fuß!« und »Bleib!« hört. Mehr will man ja erst mal gar nicht. Ehrlich gesagt, wenn das bei meinem Sohn zuverlässig funktionieren würde, wäre ich auch schon mal recht zufrieden. Aber irgendwie habe ich das Gefühl, dass das keine ausreichende Grundlage für ein langes, erfülltes und zufriedenes Leben ist. Und das ist es ja, was man sich für seine Kinder wünscht, oder nicht?

Irritiert von der Feststellung, dass ein Ausflug mit Hund wesentlich unkomplizierter ist als ein Ausflug mit Kind, fing ich an, mir Gedanken zu machen. Irgendwas müssen wir unseren Kindern wohl doch beibringen. Dass der Hund so unkompliziert ist, lässt sich auf seinen guten Grundgehorsam zurückführen. Aber Grundgehorsam erscheint mir nicht gerade als ein besonders zeitgemäßes Erziehungsziel. Doch was ist zeitgemäß? Was soll mein Sohn lernen, damit er sich im Leben zurechtfindet, und was soll ich lernen, damit ich mich mit ihm zurechtfinden kann? Was kann ich ihm für seine Zukunft mitgeben und was soll das überhaupt für eine Zukunft sein? Wenn man so drüber nachdenkt, kommen einem schon einige Fragen. Spätestens wenn die Kinder dem Babyalter entwachsen sind, merkt man, dass man irgendwie Stellung beziehen muss. Irgendwie muss man sie erziehen und ihnen etwas beibringen. Aber was erwarte ich von meinem Kind und wie setze ich das durch? Darf ich es aus dem Wald nach Hause tragen oder soll es gefälligst selbst mit seinem Rad fahren? Sollen unsere Kinder funktionieren und sich anpassen und unterordnen, wie man es von einem Hund verlangt, oder haben sie gar ein Recht auf Eigensinn? Müssen sich die Kinder an unser abgehetztes, durchstrukturiertes, effektives und effizientes Leben anpassen, oder müssen wir einen Gang runterschalten und uns an unsere Kinder anpassen? Man weiß es nicht und alles könnte falsch sein. Und falsche Entscheidungen erscheinen fatal. Schließlich droht ständig die Vision vom kleinen Tyrannen, der seine Eltern in den Wahnsinn treibt, oder die Angst davor, zu Helikopter-Eltern zu mutieren, die ständig besorgt um den Nachwuchs rumschwirren. Von allen Seiten prallen Ratschläge auf einen ein, und jeder, außer man selbst, scheint genau zu wissen, was das Beste für das Kind ist. Was aber ist das Beste? Welche Erziehungsziele soll ich verfolgen und wie kann ich die Beziehung zu meinem Kind gestalten? Wie kann ich ihm helfen, zu einem glücklichen und zufriedenen Erwachsenen heranzuwachsen? Auf der Suche nach Antworten auf diese Fragen ist dieses Buch entstanden.

Wenn Sie jetzt aber nach allgemein verbindlichen Ratschlägen oder Rezepten für den Umgang mit Kindern suchen, liegen Sie falsch. Solche Erwartungen kann und will ich nicht erfüllen. Was Sie hier stattdessen hoffentlich finden werden, sind Denkanstöße, Perspektivenwechsel und ein wenig Unterhaltung. Vielleicht kann Ihnen mein Buch zu mehr Gelassenheit und Freude im Umgang mit Ihren Kindern verhelfen und vielleicht wird Ihr Vertrauen in Ihre eigenen Fähigkeiten und in Ihre Intuition gestärkt. Vielleicht. Ich hoffe es. Wenn nicht, machen Sie sich nichts draus. Auch dies ist nur ein Buch. Das wahre Leben spielt sich woanders ab. Und für dieses wahre Leben wünsche ich Ihnen alles Gute, viel Kraft und Liebe. Dann wird das schon.

Jetzt schauen wir uns aber erst mal an, warum Hundeerziehung so gut funktioniert. Auf die Idee, dass man die Methoden vom Hundeplatz auch auf die Kindererziehung übertragen kann, sind nämlich vor mir auch schon einige andere gekommen. Aber lassen Sie sich überraschen.

TEIL 1

Leine oder Liebe?

Warum Dressur in der Kindererziehung
nicht der richtige Weg ist

Sitz. Platz. Aus!

So, ich hoffe, Sie sitzen. Ich zeige Ihnen nämlich jetzt mal was Gruseliges. Schlagen Sie einen beliebigen Ratgeber zur Hundeerziehung auf und ersetzen Sie jedes Mal das Wort Hund durch das Wort Kind. Wenn Sie kein solches Buch dahaben, folgen Sie einfach meinen Ausführungen. Ich nehme mal das Buch: »Einfache Hundeerziehung: Schritt für Schritt erklärt«, schlage es auf, und lege los: »*Kind*erziehung ist keine Magie [...], sondern funktioniert nach wissenschaftlich erwiesenen Methoden, mit denen man seinem *Kind* etwas beibringen oder sein Verhalten ändern kann. Das sollte so gleichberechtigt und partnerschaftlich wie möglich vonstattengehen [...]. [Sie werden] feststellen, dass eine positive und partnerschaftliche Erziehung zu den besten und schnellsten Ergebnissen führt. [...] Wird ein *Kind* für unerwünschtes Verhalten bestraft, wird es das möglicherweise in Zukunft unterlassen. [Aber nur] dann, wenn *seine Eltern* in der Nähe *sind*. [...] Bestrafung ist auch deswegen kein geeignetes Mittel zur Erziehung, weil *das Kind* keine Anleitung bekommt, welches Alternativverhalten von ihm gewünscht wird. [...] Alles in allem keine besonders schöne Art, mit einem Familienmitglied umzugehen. [...] Die Zeiten, als man *Kinder* durch Anbrüllen oder harte Strafen erzogen hat, sind zum Glück vorbei. Sehr viel einfacher durchzuführen und für beide Seiten mit viel mehr Freude verbunden, ist es, seinem *Kind* durch Belohnung, Lob und liebevolle Zuwendung beizubringen, was man von ihm möchte.« (Team Hundeerziehung mit Erfolg 2012, S. 7–8) Hört sich nicht besonders komisch an, oder? Gut, man muss natürlich auch die Worte »Besitzer« durch »Eltern« und »Fressnapf« durch »Teller« ersetzen, aber ansonsten bleiben die Ausführungen auf diese Weise doch über weite Strecken völlig unauffällig. Das könnte so

in jedem Erziehungsratgeber stehen. Wenn es dann auf Leinen und Halsbänder zu sprechen kommt, wird es zwar schon etwas merkwürdig, aber ansonsten scheint das zu klappen.

Wir können das aber auch gerne mal andersrum probieren. Schlagen Sie einen beliebigen Elternratgeber auf und ersetzen Sie einfach immer das Wort Kind durch das Wort Hund. Los geht's! »In den letzten Jahren sind verschiedene *Hunde*trainings-Konzepte entwickelt worden. [...] Daraus habe ich für den folgenden Plan zum Grenzensetzen das übernommen, was besonders gut wirkt und einfach umgesetzt werden kann. [...] Das Gute an diesem Plan ist: Sie wissen jederzeit, was sie als Nächstes tun werden.« (Kast-Zahn 2007, S. 81) »An welche Regeln hält sich Ihr *Hund* schon? In welchem Bereich gibt es immer wieder Probleme? Welches Verhalten, welcher Regelverstoß stört Sie am meisten? [...] Beantworten Sie sich diese Fragen in Ruhe. Dann wird Ihnen klar, welche Regel Ihr *Hund* zuerst lernen soll.« (Kast-Zahn 2007, S. 93) »Nicht nur Ihre Worte zählen, wenn Sie mit Ihrem *Hund* reden: Mit Stimme und Körpersprache können Sie wirkungsvoll unterstreichen, wann Sie es wirklich ernst meinen. [Doch] Was tun Sie, wenn Ihr *Hund* nicht bei Ihnen bleibt und weglaufen will? Wenn Sie es wirklich ernst meinen, darf Ihnen Ihr *Hund* in dieser Situation nicht entwischen. Wenn *er* nicht freiwillig bei Ihnen bleibt, bleibt Ihnen nichts anderes übrig: Sie halten *Ihren Hund* fest – so sanft wie möglich und so nachdrücklich wie nötig. Gleichzeitig schauen Sie *ihn* an und sagen *ihm*, was er tun soll.« (Kast-Zahn 2007, S. 96–99) Und so weiter und so weiter. Ich denke, es ist klar geworden. Das funktioniert.

Jetzt glauben Sie wahrscheinlich, das liege daran, dass wir unsere Hunde zu sehr vermenschlichen, aber weit gefehlt. Genau das Gegenteil ist der Fall. Wir vermenschlichen nicht unsere Hunde. Wir vertierlichen unsere Kinder. Vertierlichen, das hört sich komisch an. Es ist aber wahr. Und zwar weil alle diese Erziehungstipps, seien sie für Hunde oder für Kinder, eigentlich für Ratten entwickelt wurden. Oder sagen wir mal so: Die Psychologie interessiert sich ja für das Verhalten von Menschen und wie es zustand kommt. Aber das lässt sich nur sehr schlecht exakt wissenschaftlich nach-

weisen. Man kann nämlich für Menschen in vielen Lebensbereichen keine besonders wissenschaftlichen Versuchsbedingungen erzeugen. So ist es zum Beispiel verboten, eine Gruppe Babys zusammenzustellen, sie in Labors aufwachsen zu lassen und zu versuchen, sie zu depressiven Erwachsenen heranzuziehen. Dadurch könnte man vielleicht herausfinden, welche Behandlung Kinder zu depressiven Erwachsenen macht. Aber das ist ja verboten. Es sei denn, man nimmt statt Kindern Ratten. Was machen die Psychologen also, wenn sie hieb- und stichfeste wissenschaftliche Erkenntnisse sammeln wollen? Sie nehmen Ratten und schauen, wie sie sich verhalten. Der Unterschied zwischen Menschen und Ratten ist ja auch, sagen wir mal, marginal. In beiden Fällen handelt es sich um Säugetiere. Und Säugetiere sind sich halt schon ziemlich ähnlich. Ratten sind uns ähnlicher als beispielsweise Fische. Also, was will man mehr. Menschen haben halt etwas größere Gehirne und somit eine reichere Gedanken- und Gefühlswelt, aber das tut nicht wirklich was zur Sache, da man Gedanken und Gefühle nicht messen kann. Verhalten hingegen kann man messen. Das wissenschaftstheoretische Konzept, das hinter dem Versuch steckt, das Verhalten von Menschen mit naturwissenschaftlichen Methoden, *also ohne Einfühlung* zu untersuchen und zu erklären – Fühlen sei unwissenschaftlich und deswegen nur schwer oder gar nicht zu messen –, nennt sich Behaviorismus. In der modernen Psychologie schon etwas aus der Mode gekommen, hat er in der Alltagspsychologie bis heute seinen festen Platz.

Die Behavioristen erklären sich menschliches Verhalten auf relativ einfache Weise: Alles, was in irgendeiner Weise zu einer Belohnung führt, wird wiederholt, was negative Konsequenzen hat, lässt man lieber sein und alles, was gar nichts bewirkt, wird irgendwann langweilig und deshalb gelöscht. Bestechend einfach und bestechend logisch. Und deshalb wird dieses Denkmodell auch immer wieder gerne auf sämtliche Lebensbereiche übertragen und inflationär gebraucht. Denn scheinbar kann man so jegliches wünschenswerte Verhalten antrainieren und alle unerwünschten Verhaltensweisen abtrainieren. Aber ist es wirklich so einfach?

Ich denke nicht. Der Mensch ist eben doch etwas komplexer strukturiert und wird von inneren Prozessen, von Gefühlen und Gedanken geleitet. Oder glauben Sie, dass Sie nach dem Reiz-Reaktions-Schema funktionieren und Ihr Verhalten nur von positiven und negativen Reizen bestimmt wird? Ich hoffe nicht. Aber dieses Denken ist in der Kindererziehung dennoch weit verbreitet. Sehr weit. Ich nenne Ihnen hier mal ein paar Beispiele: Fangen wir mal mit der »Auszeit« an. Dabei muss das Kind, das unerwünschtes Verhalten gezeigt hat, für eine gewisse Zeit auf die »stille Treppe«, ins Kinderzimmer oder wird sonst wie kurz aus der Gemeinschaft entfernt. Das ist ja ein sehr beliebtes Werkzeug in der Kindererziehung und wurde durch die »Super-Nanny« in alle Familien getragen. Eigentlich heißt Auszeit aber nicht »Pause« oder »Zeit zum Nachdenken«, wie es oft übersetzt wird, sondern Auszeit von einem positiven Verstärker. Das heißt, etwas Positives wird dem Kind oder der Ratte so lange entzogen, bis es oder sie das unerwünschte Verhalten einstellt und wieder das erwünschte Verhalten zeigt. Bei der Ratte wird zum Beispiel eine Lampe, die signalisiert, dass gleich das Futter kommt, wieder ausgeschaltet, Kindern nimmt man die Nähe und Zugehörigkeit zur Gemeinschaft für kurze Zeit weg. Wie es für Ratten existenziell wichtig ist, nämlich Futter zu bekommen, ist es für Kinder genauso existenziell wichtig, einer Gemeinschaft zugehörig zu sein und Liebe und Anerkennung zu erfahren. Man bedenke, dass der Ausschluss aus der Gemeinschaft für das Kind in letzter Konsequenz den Tod bedeuten könnte. Deshalb werden wahrscheinlich sowohl die Ratte als auch das Kind ihr Verhalten ändern. Es funktioniert also, und das scheint in dem Wertesystem des modernen und rational denkenden Menschen der Beweis dafür zu sein, dass es auch richtig ist. Aber was lernt das Kind noch dabei? Vielleicht lernt es, dass es sich nur zugehörig und geliebt fühlen darf, wenn es tut, was man von ihm verlangt. Dass die Liebe der Eltern durch schlechtes Verhalten verloren gehen kann, dass es ein böses Kind ist … Vielleicht. Aber das sind Spekulationen, die sich nicht messen lassen. Was man messen und beobachten kann, ist, dass das Kind sein Verhalten ändert, dass es eben funktioniert. Was das Kind dabei fühlt und denkt und welche Auswirkungen ein solcher Erziehungsstil auf sein weiteres Leben

haben wird, zählt nicht. Bei Ratten ist das auch nicht so relevant, bei Kindern wahrscheinlich schon eher.

Ein weiteres beliebtes Mittel in der Kindererziehung ist die sogenannte »Token-Konditionierung«. Auch sie beruht auf Erkenntnissen darüber, wie Lernen bei Ratten funktioniert. Dabei geht es darum, dass das Kind für bestimmte Verhaltensweisen »Token« sammeln kann, die es dann später gegen etwas einlösen kann. Das mit dem Sammeln kapieren Ratten zwar nicht, Kinder aber schon. Denen kann man dann, statt ihnen gleich ein Leckerchen zu geben, ein Sternchen ins Heft kleben. Für zehn Sternchen gibt es zum Beispiel eine Barbie oder so was Ähnliches. Auch das ist, sagen wir mal, fragwürdig. Brav und lieb sein gegen Bezahlung? Tja, was lernt man dabei? Ich bin bestechlich, für Geld tue ich alles, egal, ob ich verstehe warum ... Nun ja.

Dann gibt es natürlich noch die Konsequenzen. Das sind die ganzen »Wenn, dann ...«-Androhungen. Man könnte auch sagen Strafen. So könnte man zum Beispiel einen Hund, immer wenn er bellt, mit einem lauten Geräusch erschrecken. Dann verknüpft er Bellen und Erschrecken und lässt das Bellen demnächst sein. Kindern könnte man zum Beispiel sagen, dass ihr Lieblingsspielzeug verschwindet, wenn sie ihre kleine Schwester hauen. Auch recht wirkungsvoll, aber irgendwie am Ziel vorbei. Wollen wir nicht, dass unsere Kinder glückliche, selbstbewusste Menschen werden, die in der Lage sind, eigene Entscheidungen zu treffen, die sich selbst spüren können und ihre eigenen Bedürfnisse wahrnehmen können, die sich in andere hineinversetzen können und die die Fähigkeit zu Liebe und Begeisterung entwickeln? Dass sich das mit einem Erziehungsstil, der auf Einfühlung und die Wahrnehmung innerer Prozesse verzichtet, möglich ist, davon bin ich nicht besonders überzeugt. Sind es nicht gerade der innere Reichtum, die Beziehungen zu anderen und die reichhaltige Gefühlswelt, die das Leben lebenswert machen, die uns spüren lassen, dass wir lebendig sind und unserem Leben Sinn verleihen? In einer Beziehung, die von gegenseitigem Respekt und von Liebe getragen ist, kann sich ein solcher innerer Reichtum entfalten, sonst eher nicht.

Zu einer selbstbewussten starken Persönlichkeit, die sich geliebt und angenommen fühlt, gehört auch, dass diese Person nicht von der Bewertung und den Wünschen anderer abhängig ist. Und das kann manchmal ziemlich unpraktisch sein, weil Kinder dann nicht unbedingt immer das tun, was wir gerne hätten. Sie sind nämlich eigenständige Persönlichkeiten mit eigenen Wünschen und Vorstellungen und keine abgerichteten Hunde.

Wem das allerdings zu blöd ist, der sollte bei der Familienplanung Sex nicht als die einzige Option ansehen, sondern auch einen Besuch im Tierheim in Erwägung ziehen. Hunde sind auch ganz süß.

Was haben wir denn da?

Was haben wir denn da? Ja, das ist die Frage, die man sich vielleicht zuerst stellen sollte, wenn man sich dem Thema Erziehung widmen möchte. Zumindest, falls man das aus einer wissenschaftlichen Perspektive tun will. Schließlich müssen wir erst mal festlegen, womit wir es zu tun haben, bevor wir irgendwelche weiteren Aussagen darüber treffen können, wie man mit dem vorliegenden Objekt umgehen soll. Das erscheint logisch. Also fangen wir mit dieser zunächst mal einfach erscheinenden Frage an. Womit haben wir es zu tun? Zunächst einmal können wir uns sicher darauf einigen, dass es sich bei den Erziehungsobjekten um Kinder handelt und nicht um Hunde. Gut. Aber was ist ein Kind? Ein Mensch, wenn auch ein kleiner. Was aber ist dem Menschen und insbesondere dem heranwachsenden eigen? Diese Frage ist nicht unwesentlich und wird in den Sozialwissenschaften viel diskutiert. Insbesondere im Umgang mit Kindern ist das Menschenbild des Einzelnen wesentlich dafür verantwortlich, wie er sich in Erziehungsfragen entscheidet.

Eine ganz bestimmte Vorstellung vom Menschen beherrscht unsere Kultur seit Jahrhunderten und die scheint bis heute ziemlich verbreitet zu sein, besonders bei älteren Herren, aber nicht nur. Nämlich die, dass der Mensch egoistisch, selbstsüchtig und aggressiv sei. Klar, jeder kennt Darwin. Der Stärkere setzt sich durch und kann überleben. Die Schwachen gehen zugrunde, können sich nicht vermehren und sterben schließlich aus. Das Leben ist ein Kampf um die knappen Ressourcen, und nur wer sich durchsetzt, hat eine Chance, zu überleben. Darum hat auch das kleine Kind diesen egoistischen Drang, sich gegenüber den anderen durchzusetzen und sich zu behaupten. Nur die entsprechende Erziehung hindert das Kind

daran, seine Triebe wild auszuleben und befähigt es dazu, sich in eine Gemeinschaft einzufügen. (Übrigens ist die Vorstellung vom Menschen, der von Grund auf »böse« sei, auch in nicht wenigen Religionen fest verankert.) Experten, die von diesem Menschenbild ausgehen, hören sich dann so oder so ähnlich an: »Wie können wir unsere Kinder daran hindern, Dinge zu tun, die sie nicht tun sollten? Wie können wir sie andererseits dazu bringen, Dinge zu tun, die sie nicht tun wollen [...] Wenn Eltern nicht recht wissen, was sie wollen, und vor entschiedenem, konsequentem Handeln zurückschrecken, haben plötzlich die Kinder ›das Heft in der Hand‹.« (Kast-Zahn 2007, S. 12) Vor dieser Machtübernahme der Kinder wird gewarnt, den »Machtkampf« müssen die Eltern gewinnen, sonst werden die Kinder »unausstehlich«. Regeln müssen aufgestellt und befolgt werden. Zu viel »Theater« seitens der Kinder darf nicht geduldet werden ...

Wenn man von der Annahme ausgeht, das Kind sei von Grund auf egoistisch und selbstsüchtig und will nur seine Interessen durchsetzen, findet man im kindlichen Verhalten auch mehr als genug Beweise für diese Annahme. Ein Säugling scheint nur auf die Befriedigung seiner eigenen Bedürfnisse programmiert zu sein. Wenn die Befriedigung nicht unmittelbar erfolgt, schreit er und »terrorisiert« seine Eltern. Kleinkinder trotzen, was das Zeug hält, Jugendliche nehmen keine Rücksicht usw. Wenn man das Verhalten der Kinder also vor dem Hintergrund dieses Menschenbildes betrachtet, lässt es sich nur schwerlich leugnen, dass Erziehung in erster Linie dazu dienen sollte, Kindern Anstand und diesbezügliche Regeln beizubringen. Aber, und jetzt wird es spannend, das ist nur *eine* von vielen möglichen Perspektiven. Man könnte zum Beispiel auch davon ausgehen, dass der Mensch ein durch und durch soziales Wesen ist, das elementar auf enge Bindungen zu anderen Menschen angewiesen ist und somit die Fähigkeit zu Kooperation und Mitgefühl in sich trägt. So behauptet der Dalai Lama beispielsweise: »Wir sind dazu geschaffen, nach Glück zu streben. Und es steht außer Zweifel, dass Empfindungen wie Liebe, Zuneigung, Nähe und Mitgefühl glücklich machen. [...] Menschliche Zuneigung und Mitgefühl sind [...] ein unverzichtbarer Bestandteil unseres täglichen Lebens.« (Dalai Lama; Cutler 2012; S. 85).

Gut, der Dalai Lama gilt jetzt nicht für jede und jeden als Autorität. Aber nicht nur der Dalai Lama geht von dem Menschen als einem mitfühlenden und sozialen Wesen aus. Auch die moderne Hirnforschung und andere Wissenschaftszweige bestätigen diese Annahme. So gilt es als erwiesen, dass ein Mangel an engen sozialen Bindungen zu gesundheitlichen Beeinträchtigungen führt, unglücklich macht und Stress auslöst.

Die Fähigkeit, sich mit anderen zusammenzuschließen, »um für das eigene Wohlergehen wie das der Gefährten zu sorgen, ist wahrscheinlich ein tief in der menschlichen Natur verankerter Instinkt« (Dalai Lama; Cutler 2012; S. 92). Auch für diese Annahme, lassen sich unzählige Beweise finden. So ist der Säugling beispielsweise völlig hilflos und nicht überlebensfähig ohne die liebevolle Zuwendung einer Bindungsperson. Babys lernen schon früh, andere Menschen anzulächeln, die Sehschärfe Neugeborener ist genau darauf eingestellt, das Gesicht der Mutter, beim Stillen oder wenn es im Arm gewiegt wird, zu erkennen. Viele menschliche Fähigkeiten, wie zum Beispiel die Sprache, entwickeln sich nur im engen Kontakt zu anderen Menschen. Der Mensch scheint also ein auf Bindung und Beziehung geeichtes Wesen zu sein und somit die Fähigkeit zu Liebe, Kooperationsfähigkeit und Mitgefühl in sich zu tragen. Experten, die von dieser Annahme ausgehen, betonen die Bedeutung der Eltern-Kind-Bindung, raten zu viel Nähe und Körperkontakt bei kleinen Kindern und interpretieren das Verhalten der Kinder oft ganz anders als diejenigen, die von der Annahme ausgehen, der Mensch sei egoistisch und in erster Linie daran interessiert, sich und seine selbstsüchtigen Interessen durchzusetzen.

Nun kann man sich vorstellen, dass beide Menschenbilder zu völlig gegensätzlichen Aussagen und Ratschlägen führen können. Die einen sagen, man solle sich nicht vom Kind terrorisieren lassen, es soll allein in seinem Bett schlafen, auf Geschrei sollte man grundsätzlich nicht reagieren, damit das Kind nicht lernt, dass es sich so durchsetzen kann ... Die anderen sagen, man solle auf die Bedürfnisse der Kinder eingehen, Nähe und Körperkontakt zulassen, die Äußerungen des Kindes wahrnehmen und angemessen darauf reagieren ... Und, das ist das Komische daran, beide Haltungen

lassen sich schlüssig begründen. Letzten Endes ist es auch eine Frage des Geschmacks, der eigenen Vorlieben und Erfahrungen, zu welchem Menschenbild man mehr tendiert. Das Problem aber ist, dass das Menschenbild nur in den seltensten Fällen bewusst ist. Meistens ist es eher so, dass eine bestimmte Meinung oder ein bestimmter Ratschlag in Erziehungsfragen eben auch ein bestimmtes Menschenbild beinhaltet. Deshalb sollte man sich, bevor man sich einen bestimmten Erziehungsratschlag oder eine Haltung zu eigen macht, zunächst einmal fragen, welche Vorstellungen von Kindern denn dahinter stehen und ob diese Vorstellungen mit dem, was ich selbst denke und vor allem fühle, wirklich übereinstimmen.

Ist mein Kind wirklich egoistisch und selbstsüchtig oder ist es eher bedürftig und abhängig, terrorisiert es mich oder will es meine Liebe? Das zu entscheiden ist oft nicht so einfach. Gerade wenn auf Eltern unzählige Ratschläge und Erwartungshaltungen von den unterschiedlichsten Seiten einprasseln. Zumal es ja nicht nur die zwei Perspektiven, die ich oben beschrieben habe, gibt. Man könnte sich noch jede Menge anderer Menschenbilder vorstellen, die den unterschiedlichsten pädagogischen Ratschlägen zugrunde liegen. So gibt es zum Beispiel die oft zitierte Computer-Metapher. Man stellt sich das kindliche Gehirn ähnlich wie einen Computer vor, den man programmieren muss. Diese Vorstellung ist sehr technisch und beinhaltet die Annahme, dass man theoretisch alles verstehen und planen kann. Wenn man das Kind nur mit den richtigen Daten füttert, wird es auch das richtige Verhalten zeigen. Abgesehen davon, dass das schon bei meinem Computer nicht funktioniert, gibt es bei der Kindererziehung so viele Faktoren, die eine Rolle spielen, dass es unmöglich ist, alles zu berechnen und zu beherrschen. Aber dennoch, auch diese Vorstellung beinhaltet eine gewisse Schlüssigkeit und viele Lern- und Übungsprogramme basieren auf dieser Annahme. Letzten Endes wird es wohl so sein, dass alle Annahmen ein Quäntchen Wahrheit beinhalten und es eben eine Frage der Perspektive ist, was man gerade sieht. Dennoch kann die Auseinandersetzung mit dem eigenen Menschenbild ein wichtiger Richtungsweiser in der Erziehung sein.

Die Frage, womit wir es beim Kind zu tun haben, lässt sich also gar nicht

24

so leicht beantworten. Aber man sagt ja, der Kopf sei rund, damit das Denken seine Richtung ändern könne, obwohl diese These in zweierlei Hinsicht gewagt ist. Erstens sind die Fälle, in denen das Denken wirklich die Richtung geändert hat, so selten, dass es unwahrscheinlich ist, dass das etwas mit runden Köpfen zu tun hat. Davon gibt es nämlich viele. Und zweitens ist es auch nicht schlüssig, warum man bei einem Quadrat oder auf einer Geraden nicht die Richtung ändern können sollte. Und dennoch könnte man es bei schwierigen Erziehungsfragen mal mit einer Richtungsänderung oder wenigstens einem Perspektivenwechsel probieren. Wenn man das nicht schafft, reicht einfaches Nachdenken oft schon aus. Dann wird man vielleicht feststellen, dass man das Verhalten seines Kindes vor dem Hintergrund eines Vorurteils darüber, wie der Mensch von Natur aus angeblich ist, interpretiert hat. Wenn sich Ihr Kind also demnächst an der Supermarktkasse schreiend auf den Boden wirft, halten Sie einfach Ihre Gedanken an, wenden sie bei der nächsten Möglichkeit und interpretieren diese Situation um. Statt »Dieser kleine Tyrann will schon wieder seinen Willen durchsetzen« denken Sie einfach: »Ein Kind entwickelt sich in Beziehung und Abgrenzung zu andern Menschen. Konflikte gehören dazu. Wir machen also gerade Entwicklungsförderung.« Das hilft zwar überhaupt nix. Aber Sie haben vielleicht etwas Zeit mit Denken verbracht, die Sie sonst fürs Aufregen verwendet hätten und das ist ja schon mal was. Entscheiden Sie selbst, durch welche Theoriebrille Sie Ihr Kind betrachten wollen.

Social Brain

Neuste wissenschaftliche Erkenntnisse weisen darauf hin, dass der Mensch ein in erster Linie soziales Lebewesen ist. Das Gehirn des Menschen ist dafür geschaffen und darauf angewiesen, dass der Mensch in einer sozialen Gemeinschaft lebt. Wir tragen alle die Fähigkeit zu Kooperation und Mitgefühl in uns. Es ist davon auszugehen, dass menschliches Verhalten in erster Linie von dem Bedürfnis nach gelingenden sozialen Beziehungen geleitet ist.

Strafe muss sein!

Jeder Mensch, der schon mal RTL geschaut hat, weiß: Die Jugend ist außer Rand und Band! In der U-Bahn wird man zusammengeschlagen, der Schulhof ist ein Schlachtfeld, Lehrer trauen sich nicht mehr in den Unterricht und überhaupt grassiert ein genereller Wahnsinn unter den Kindern. Und das alles, weil die Erziehung versagt hat. So ein Mist. Nun aber, da das Kind schon in den Brunnen gefallen ist, stellt sich auch die Frage, wie man es da wieder rausbekommt, metaphorisch gesprochen. Da gibt es mehrere Möglichkeiten. Sofern das Kind schwimmen kann, wäre es eine Möglichkeit, den Brunnen zu fluten, ansonsten müssen wir es wohl am Schopfe herausziehen, oder wir werfen ihm eine Strickleiter hinein, an der es rausklettern kann. Man könnte die Kinder natürlich auch einfach ertrinken lassen. Aber der Umstand, dass wir davon einfach zu wenige haben, hindert uns daran. Oder die ebenfalls nicht zu übersehende Tatsache, dass das menschenverachtend wäre. Aber gut, eine Metapher trägt nicht ewig. Machen wir es konkret. Die Kinder spinnen, sie sind eine Gefahr für die Gesellschaft und wir müssen hart durchgreifen. Intensivtäter werden in militärische Erziehungscamps gesteckt, durchgedrehte Jugendliche werden in einer Fernsehshow zu den »strengsten Eltern der Welt« geschickt, freche Kinder kommen auf die »stille Treppe« ...

Allgemein wird der Ruf nach mehr Strenge und Disziplin immer lauter. Damit meint man aber nicht Disziplin im Sinne von Selbstdisziplin und moralischer Lebensführung, sondern eher Disziplinierung im Sinne von Strafe und Unterdrückung. Mag sein, dass die Jugendlichen, die Rentner in der U-Bahn zusammenschlagen, sich von harten Strafen abschrecken lassen. Aber trotzdem entbehrt diese Haltung einer gewissen Logik. Macht

das irgendeinen Sinn, einen Mörder für den Mord mit der Todesstrafe zu bestrafen, also mit einem weiteren Mord? Scheint mir zumindest fragwürdig. Nehmen wir mal an, man hätte es schon vor der Tat geschafft, den besagten Jugendlichen Mitgefühl und Respekt vor dem Leben beizubringen? Hätten sie dann einen Rentner zu Tode geprügelt? Ich vermute nicht. Und kann ein menschenverachtendes und erniedrigendes Erziehungscamp ein Lehrstück für Mitgefühl und Liebe sein? Nicht dass wir hier in die Kuschelpädagogik-Ecke rutschen. Natürlich muss dem Jugendlichen, der einen Rentner zusammenschlägt, unmissverständlich klargemacht werden, dass das definitiv inakzeptabel ist. Aber mit einer grundsätzlichen Haltung, die von Respekt vor der Würde des Menschen und von Mitgefühl getragen ist. Ob bei dem Betroffenen noch viel auszurichten ist, sei mal dahingestellt. Aber die Haltung macht's. Schließlich sollten die Erwachsenen doch Autoritäten und Vorbilder sein. Bestenfalls mache ich mich lächerlich, wenn ich ein Kind anschreie, weil »ich mir diesen Ton verbitte!!!«. Schlimmstenfalls zeige ich ihm, wie es geht. Das mit dem Erniedrigen und dem Bloßstellen meine ich. Wenn Erwachsene sich jeden Tag Dschungel-Camp, Deutschland sucht den Superstar oder Supernanny anschauen und dabei akzeptieren, dass Menschen in erniedrigenden Situationen gezeigt werden und beleidigende Witze auf Kosten anderer gemacht werden, wird es kritisch, wenn sie sich dann als moralische Autorität präsentieren wollen. Wer regt sich nicht auf, wenn der Tim der Ronja im Sandkasten die Schaufel wegnimmt? Aber wer regt sich auf, wenn ich mit meinem Konsum unzähligen Menschen die Lebensgrundlage wegnehme? Gut, dass ist irgendwie wesentlich ungreifbarer, dafür aber auch wesentlich schlimmer. Ich muss zugeben, ich bin kein besonders gutes Beispiel für moralische Lebensführung. Ich trage sogar Kleider, die von Frauen oder vielleicht sogar von Kindern unter unzumutbaren Arbeitsbedingungen hergestellt wurden, und ich muss schon ziemlich viel »Political Correctness« aufbringen, damit ich mich dafür schäme.

Dennoch, irgendwie muss man ja Stellung beziehen. Kinder brauchen Orientierung und Führung. Von selbst können sie nicht wissen, was sie tun

und lassen sollen. Das klappt nicht. Damit wären sie überfordert. Dass Kinder ohne Lenkung unmöglich werden können, ist unumstritten. Aber das tun sie nicht, weil sie böse sind und ihre Eltern terrorisieren möchten, sondern weil sie nicht in der Lage sind, zu wissen, was sie tun sollen. Da wir aber selbst meistens nicht so genau wissen, was wir tun sollen und wie wir uns benehmen sollen, können wir auch nicht so viel vermitteln. Es gibt einfach zu viele Möglichkeiten. Lege ich Wert auf Freundschaften und Bindungen oder bin ich ein flexibler Global Player? Will ich Ehe, Kinder, Treue oder Offenheit und Freiheit? Oder alles zusammen? Tja. Es ist schwer, verbindliche Regeln zu vermitteln. Selbst bei so einfachen Dingen wie den Tischmanieren muss und darf man sich heute entscheiden. Gerade aber weil es so viele Möglichkeiten gibt, ist es wichtig, Kinder zu starken Persönlichkeiten zu erziehen und ihnen Orientierung zu geben. Das tut man am besten, indem man ihnen mit einer Haltung von Liebe und Respekt begegnet. Natürlich schadet es dabei nichts, wenn man sich selbst auch einigermaßen benehmen kann. Sogar gegenüber den eigenen Kindern.

Familien sind keine Rockerbanden

An den Supermarktkassen lernt man was fürs Leben: Alles hat seinen Preis. Wie du mir, so ich dir. Nichts im Leben ist umsonst. Arbeit gegen Geld, Geld gegen Brot. Kaufen, verkaufen, Wert, Gegenwert, Angebot, Nachfrage ... So funktioniert das überall. Sogar in unseren Köpfen. Wenn jemand etwas ohne Gegenleistung bekommt, erscheint uns das nicht nur ungewöhnlich, sondern vor allen Dingen unverschämt. Wie kann das sein, dass diese Schmarotzer auf Kosten des Staates leben? Unverschämt! Nur wer etwas leistet, bekommt auch etwas. So einfach ist das. Dieses ökonomische Prinzip haben wir dermaßen verinnerlicht, dass wir es auf alle Lebensbereiche anwenden. Sogar auf unsere Beziehungen zu anderen Menschen. Und sogar auf die Beziehung zu unseren Kindern. Akzeptanz gegen Gehorsam, Liebe gegen Anpassung, Zuwendung gegen Aufräumen und Nachtisch gegen Tellerwegräumen ... »Du warst so brav, dann bekommst du auch ein Eis.« »Was!? Denkst du, dass ich dir heute Abend noch eine Geschichte vorlese, wo du so frech warst?« Ja, warum eigentlich nicht? Warum kann denn nicht mal etwas kostenlos sein? Und wenn es nur eine klitzekleine Geschichte ist. Warum muss man alles an Bedingungen knüpfen? Weil es halt so ist. Die Welt ist kein Ponyhof und geschenkt bekommt man sowieso nichts. Noch nicht mal im Internet. So ist das. Aha. Ist das so? Und was kostet dann die Liebe? Was kostet die Welt? Was kostet der Sonnenschein oder das Singen der Vögel? Überraschenderweise ist das alles kostenlos! Gestern hat mir der Baum einen Apfel und der Vogel ein Lied geschenkt und nichts dafür verlangt! Vorsicht! Wenn Sie mir jetzt meine Story kaputt machen wollen, indem Sie mir erklären, dass der Baum mir nur den Apfel gab, damit ich seinen Samen verteile, und der Vogel

nicht für mich, sondern letzten Endes für Sex gesungen hat, halten Sie einfach Ihren Mund. Nachher gibt es auch ein Gummibärchen.

Also gut, selbst in der Natur ist nicht alles kostenlos. Aber es gibt dennoch Lebensbereiche, auf die sich keine ökonomischen Prinzipien anwenden lassen. Zum Beispiel das gemeinsame Tun, bei dem etwas entsteht, das es nur zwischen den gemeinsam Handelnden gibt. Wenn zwei Menschen miteinander spielen, lachen, musizieren oder einfach nur blödeln, entsteht zwischen ihnen ein gemeinsamer Raum, der nur ihnen zugänglich ist und in dem sie die gemeinsame Beziehung als gut erleben können. Und diese Erfahrung der Akzeptanz und des Angenommenwerdens sollten wir unseren Kindern schenken, damit sie die Welt und sich selbst als gut erleben.

Außerdem sind Familien doch keine Rockerbanden. Bei denen funktioniert das nämlich so: Leistung gegen Anerkennung, Mut gegen Status. Wer seine Rolle nicht erfüllt, bekommt Privilegien gestrichen oder Statussymbole weggenommen. Zugehörigkeit wird durch Symbole und Ähnliches ausgedrückt, und sicherlich schließen sich viele Menschen solchen Gruppen an, weil sie Zugehörigkeit und Akzeptanz suchen. Aber glauben Sie wirklich, dass dabei der Mensch, so wie er ist, angenommen wird? Dass er so Liebe und Anerkennung erfahren kann? Oder dass er so seine Persönlichkeit stärken, Mitgefühl entwickeln und ein glückliches und erfülltes Leben finden kann? Wahrscheinlich nicht. Und dennoch versuchen viele Eltern, ihre Kinder nach dem Prinzip Rockerbande zu erziehen. Wer nicht artig ist, wird aus der Gemeinschaft entfernt und darf sich erst wieder annähern, wenn er sich an den vorgegebenen Verhaltenskodex hält. Bis es so weit ist, nennt man das Auszeit. Wer sich nicht an die Regeln hält, bekommt Privilegien gestrichen. Das nennt man dann Konsequenzen. Und wer immer schön bei allem mitmacht, bekommt die entsprechenden Statussymbole. Das nennt man dann Belohnung. Super. Und derjenige, der sich am besten in die Gemeinschaft eingefügt hat, wird zum Kumpel des Bosses. Das nennt man dann Liebe und Zuwendung. Nach diesem Prinzip arbeiten auch Pädagogen besonders gerne. Aber lernen unsere Kinder dabei wirklich das, was wir ihnen beibringen wollen? Wollen wir nicht, dass sie zu stabilen

Persönlichkeiten heranwachsen, dass sie glücklich sind und ein erfülltes Leben führen? Ich denke, wenn das die Ziele sind, die man sich für seine Kinder wünscht, ist man mit der Methode Rockerbande ganz schön auf dem Holzweg. Vielleicht räumen unsere Kinder so besser das Zimmer auf und gehen prompt ins Bett, wenn wir es sagen, aber sind das langfristig gesehen sinnvolle Ziele? Eigentlich schon, aus Sicht der Eltern. Aber dennoch. Kinder brauchen Liebe, bedingungslose Liebe. Klar, selbst Rockerbandenfamilien würden in den meisten Fällen behaupten, dass sie ihre Kinder bedingungslos lieben, aber ob das auch bei den Kindern ankommt? Wichtig ist nicht nur, was man denkt, sondern auch, was man tut und welche Schlüsse das Kind daraus zieht. Also keine Angst. Wer sein kleines, schreiendes, zappelndes, wütendes Trotzmonster in den Arm nimmt, macht aus ihm keinen Tyrannen, der bei jeder Gelegenheit ausrastet, sondern eine Person, die viel liebevolle Zuwendung erhalten hat und die erfahren hat, dass alle Teile seiner Persönlichkeit angenommen werden können und dass nichts so schrecklich ist, dass man es nicht mit einem geliebten Menschen teilen könnte.

Gut gemacht!

In der Kindererziehung scheint es ja eine Methode zu geben, die quasi alle Probleme löst. Zumindest die der Eltern. Mit dieser Methode soll man Kinder dazu bringen, nahezu alles zu tun, was man von ihnen verlangt. Diese Allround-Methode heißt positives Verstärken und ist insofern ganz praktisch, als man sich, wenn man vom Hundeplatz nach Hause kommt, wirklich kaum umstellen muss. Das ist allerdings nur für Hundehalter relevant und dann auch nur für diejenigen, die versuchen, ihren Hund zu erziehen. Der Begriff positives Verstärken ist dabei etwas irreführend, weil er zu der Annahme verleiten könnte, man verstärke das Kind und das sei etwas Positives. Aber so ist das eigentlich nicht gemeint. Man verstärkt ein Verhalten, und zwar nicht das Verhalten des Kindes per se, sondern das Verhalten, das einem gefällt. Im Grunde schwächt man damit das Kind oder zumindest seinen eigenen Willen und sein Gefühl für seine eigenen Bedürfnisse. Die Methode basiert auf einer Annahme darüber, wie Lernen funktioniert. Nicht nur bei Menschen, sondern vor allem bei Mäusen, Ratten, Hunden usw. ... Wenn auf ein Verhalten, zum Beispiel das Drücken eines Hebels, etwas Positives geschieht, man zum Beispiel etwas Leckeres zum Essen bekommt, wird es wahrscheinlich, dass man dieses Verhalten wiederholt. Wenn man hingegen für eine Handlung einen Stromschlag bekommt, wird man sie eher nicht noch mal wiederholen wollen. Wenn auf eine Handlung hin gar nichts passiert, dann wird das auch irgendwann uninteressant, es sei denn, die Handlung selbst ist schon eine Belohnung. So weit, so gut. Kommt einem erst mal einleuchtend vor, eben so, dass auf diese Weise quasi jedes Kind alles lernen kann. Zum Beispiel schlafen, richtig essen oder ganz global: Regeln. Prima. Aber

irgendwie hat die Sache einen Haken. Doch schauen wir erst mal, wie das genau gehen soll.

Also, ich will zum Beispiel, dass mein Sohn lernt, alleine einzuschlafen. Was mache ich? Ich ignoriere sein Geschrei, er merkt, dass es zu nichts führt, lässt es sein und schläft irgendwann von alleine ein. So einfach. Aber gerade in dieser bestechenden Einfachheit liegt das Problem. So einfach sind Menschen und ihre Beziehungen untereinander auch wieder nicht. Dass er bei dieser Methode nämlich noch mehr gelernt hat, außer alleine einzuschlafen, wird unter Berufung auf scheinbar »wissenschaftliche Methoden«, die auf den ersten Blick ziemlich plausibel erscheinen, verschwiegen. Er hat zum Beispiel *auch* gelernt, wie es ist, im Stich gelassen zu werden, dass er hilflos ist und dass sein Vertrauen darauf, dass ihm im Notfall immer jemand beistehen wird, nicht immer berechtigt ist. Das kann man aber schlecht beweisen. Was klar zu sehen ist und somit wissenschaftlich »messbar«, ist die »Tatsache«, dass Kinder, auf deren Schreien niemand reagiert, irgendwann damit aufhören. Kinder, auf die man aber reagiert, werden wieder schreien. Ob das jetzt der Beweis dafür ist, dass es schlecht ist, auf das Geschrei seines Kindes einzugehen, scheint mir fraglich. Aber es geht bei der Methode ja nicht nur ums Schlafen. Alles Mögliche, was Kinder machen, könnte irgendwie lästig sein und muss dann abgeschafft werden. Und das gelingt am besten mit systematischem Ignorieren und gezielter Belohnung. Man könnte auch sagen: durch Manipulation. Geht mein Kind brav zur Toilette, bekommt es ein Sternchen in sein Buch gemalt, räumt es auf, bekommt es einen Nachtisch, sagt es schön »Bitte« und »Danke« klebe ich ihm einen Sticker ins Heftchen ... Klar, es steht außer Frage, dass Kinder lernen müssen, was richtig und was falsch ist, es steht auch außer Frage, dass man seine Kinder irgendwie dazu bringen muss, ungefähr das zu tun, was man will. Sonst käme man nie aus dem Haus, zumindest nicht mit annähernd den nötigen Kleidungsstücken ausgerüstet, oder gar pünktlich irgendwohin – und wenn doch, wäre man dort womöglich nicht gerne gesehen. Aber ist Manipulation der richtige Weg? Wollen Kinder nicht sowieso groß werden, lernen und den Erwachsenen

gefallen? Funktioniert Erziehung vielleicht sogar nur durch Beispiel und Liebe, wie Friedrich Fröbel behauptet?

Abgesehen davon, dass Eltern sowieso ständig manipulieren, um überleben zu können, ist es dennoch fraglich, Manipulation ernsthaft als *Erziehungsstil* zu empfehlen. Ist nicht der bessere Weg, dass Kinder lernen, *eigene* Entscheidungen zu treffen, dass sie spüren, was gut für sie ist, und dann auch die Stärke haben, danach zu handeln? Durch Manipulation aber bringt man die Kinder immer weiter von sich und ihren eigenen Gefühlen weg und macht sie abhängig von der Beurteilung anderer. Wenn ein Kind aus eigenem Antrieb gelernt hat, etwas zu tun, wird es darauf stolz sein, es wird sich freuen und die Handlung selbst wird zur Belohnung. Wenn ein Kind allerdings etwas nur tut, um von anderen gelobt zu werden, entgeht ihm dieses Glücksgefühl.

O.K., so weit zum Großen und Ganzen. Aber wenn mein Sohn pinkeln soll, weil ich losmuss, und ich keine Lust habe, ihn bei Minusgraden draußen umzuziehen, wenn er sich in die Hose gemacht hat? Und er natürlich gerade ebenfalls keine Lust hat, aufs Klo zu gehen?

Ich probiere also erst mal die Methode Beispiel, Vorbild, Nachahmen aus und mache selbst demonstrativ Pipi. Allerdings ohne Erfolg, beziehungsweise ohne den erwünschten Erfolg bei ihm, denn das mit dem Pipi hat bei mir schon geklappt. Dann versuche ich es mal mit der wohl aussichtslosesten Methode überhaupt: Logik und Einsicht. »Wir gehen doch jetzt raus. Da ist kein Klo, es ist kalt, mach doch vorher noch mal ein Pipi, sonst geht es noch in die Hose.« »Nee!« Er hat keine Lust. Aha. Dann halt überrumpeln. Ich schnappe mir mein Kind, trage es zum Klo und lenke es dabei mit einem anderen Thema ab, knöpfe die Hose auf und Mist – er hat es gemerkt. Schmeißt sich schreiend auf den Boden und brüllt: »Muss ÜBERHAUPT nicht!!!« Also doch Manipulation: »Wenn du jetzt aufs Klo gehst, bekommst du ein Gummibärchen.« Also, geht doch. Habe ich eigentlich jetzt das Klogehen oder das Schreien und auf den Bodenschmeißen verstärkt? Ich befürchte Letzteres, was mich in dem Moment allerdings nur, sagen wir mal, peripher tangiert. Schließlich können wir jetzt endlich los …

Was Bücher nicht können

Lesen bildet. Sagt man. Es kommt allerdings drauf an, was man liest. Oder besser gesagt: Es kommt darauf an, warum man liest. Eltern lesen ja auch gerne. Zum Beispiel Ratgeber. Aber warum lesen sie so was? Bestimmt nicht zur Unterhaltung. Sie wollen Antworten. Sie wollen wissen, ob ihr Kind noch normal ist und, wenn nicht, wie sie es wieder normal machen können. Sie wollen wissen, was sie ihrem Kind beibringen sollen und wie. Sie wollen wissen, was richtig und was falsch ist. Und deshalb nehmen sie die entsprechenden Ratgeber zur Hand. Aber können die diese Erwartung überhaupt erfüllen? Erst mal scheint es ja so, als täten sie das. Da steht dann, wann ein Kind was gelernt haben soll oder was man tun soll, wenn das Kind irgendein Fehlverhalten zeigt. Man lernt, welche Regeln man wie durchsetzen soll und wie man die Beziehung zum Kind am besten gestaltet. Aber woher nehmen die Autoren diese Gewissheit? Tja, das ist die Frage.

Fangen wir mal mit was Einfachem an. Man liest ja immer wieder: Mit soundso viel Monaten lernt das Kind laufen, mit X Monaten kann es einen Kopffüßer malen, am Tag X macht es einen Entwicklungsschub und überhaupt braucht es soundso viel Nährstoffe. Gut. Das sind Normen. Normen besagen, was normal ist. Aber wie kommen diese Normen zustande? In der Regel liegen diesen Normen statistische Erhebungen zugrunde. Und mit der Statistik ist das ja so eine Sache. Churchill soll angeblich gesagt haben, er traue keiner Statistik, die er nicht selbst gefälscht habe. Damit wollte er wohl zum Ausdruck bringen, dass sich Daten unterschiedlich interpretieren lassen.

Vor Kurzem kursierte eine Erhebung zum plötzlichen Kindstod durch die Medien. Die einen lasen daraus, dass das gemeinsame Schlafen von Mutter und Kind den plötzlichen Kindstod begünstige. Die anderen entnahmen den Daten genau das Gegenteil. Nämlich, dass das gemeinsame Schlafen vor dem plötzlichen Kindstod schütze. Natürlich waren die einen schon vor der Erhebung gegen das gemeinsame Schlafen und die anderen waren sowieso der Meinung, dass gemeinsames Schlafen ein guter Weg sei.

Aber selbst bei ganz einfachen Erhebungen, bei denen die Datenlage eigentlich eindeutig sein sollte, gibt es viel Spielraum. Man könnte zum Beispiel 100 Leute befragen, wann ihr Kind laufen gelernt hat, und so einen mittleren Wert ermitteln, wann Kinder ungefähr laufen lernen sollten. Dabei kann aber auch viel schiefgehen. Zum Beispiel könnten die Eltern unterschiedliche Interpretationen von »Laufen lernen« haben. Die einen sagen, mein Kind hat laufen gelernt, wenn es halbwegs sicher steht und die ersten ein bis zwei Schritte alleine gemacht hat. Die anderen sagen, das Kind hat laufen gelernt, wenn es regelmäßig größere Strecken zurücklegt. Dann wird bei der Frage auch nicht berücksichtigt, ob es irgendwelche Umwelteinflüsse gab, die das Kind beeinträchtigt haben, ob ein Kind eventuell über längere Zeit krank war, oder was auch immer. Aber selbst davon abgesehen sind die Ergebnisse nicht besonders hilfreich für die jeweiligen Eltern mit ihrem speziellen Kind. Wenn zum Beispiel ein Kind mit 10 Monaten laufen konnte und das andere erst mit 24 Monaten, heißt das statistisch gesehen, dass Kinder mit 17 Monaten laufen können. Was bringt das aber den einzelnen Eltern mit ihrem Kind? Der Erkenntnisgewinn geht eigentlich gegen null. Oder besser gesagt, die Erkenntnis bringt keinen Mehrwert. Sie führt nur dazu, dass man sein Kind besser mit anderen vergleichen kann. Die, deren Kinder dabei gut abschneiden, freuen sich, die, deren Kinder dabei schlecht abschneiden, sind enttäuscht. Es gibt natürlich wirklich ein paar wenige Kinder, deren Entwicklung unterstützt werden muss, die von Krankengymnastik oder Therapien profitieren. Aber das sind nicht die Kinder, um bei meinem Beispiel zu bleiben, die mit 17 Monaten noch nicht laufen können. (Wer jetzt gleich vergleicht: Die Zahlen habe ich mir ausgedacht!!! Ich hätte auch 18, 25 oder 100 Monate schreiben können.)

Der ganzen Sache mit den Entwicklungstabellen liegt eine fragwürdige Grundannahme zugrunde und deshalb sind die Zahlen auch fast egal. Denn man nimmt an, dass Entwicklung linear und ohne Umwege verläuft, dass man Menschen normieren und vermessen kann und dies auch muss. Man denkt, wenn man nur genug Wissen über das Kind gesammelt hat und alle Daten kennt, wird man auch wissen, was man tun muss, damit alles gut wird. Das ist ein Glaube an die Wissenschaft und den Fortschritt, der sich in vielen Lebensbereichen nicht bestätigt hat. Diesem Glauben liegt eine sehr technische und rationalisierende Weltsicht zugrunde, die vielleicht den Blick auf das Wesentliche verstellt und vor allem zu Machbarkeitsfantasien verleitet. Das machbare und planbare Kind. Ist das eine schöne Vorstellung? Jaaa! Aber leider unrealistisch.

Wie dem auch sei, auf jeden Fall ist die Sache mit den ganzen Normen fragwürdig. Was aber ist mit den ganzen Ratgebern, die etwas darüber aussagen, was mein Kind lernen soll, wie ich die Beziehung zu meinem Kind gestalten soll, was es braucht und was es kriegen soll? Dabei geht es ja nicht um statistisch erhobene Normen. Trotzdem werden die Ratschläge mit einer relativ großen Gewissheit verbreitet. Da nehme ich mich nicht aus. Aber was ist die Grundlage dafür? Ehrlich gesagt, wir verlassen die Normen und werden normativ, also wertend. Und das ist fast noch schlimmer. Wo man bei der Norm wenigstens noch den Schein wahren konnte, man lege seinen Empfehlungen objektive Maßstäbe zugrunde, müsste man bei allem Normativen eigentlich ganz offen zugeben, dass es so oder auch anders sein könnte, dass es mehr um Meinungen und persönliche Vorlieben und Wertvorstellungen als um Wahrheiten geht. Denken wir mal an die ganzen Diskussionen darüber, ob man sein Kind besser partnerschaftlich erziehen oder ob man Grenzen ziehen und Disziplin einfordern soll. Soll mein Kind lernen, schön »Bitte« und »Danke« zu sagen und somit gut in einer Gemeinschaft zurechtzukommen, oder soll es lernen, dass Dankbarkeit ein echtes Gefühl ist, das von Herzen kommen sollte? Soll mein Kind anständig mit Messer und Gabel essen oder soll es Essen als ein Erlebnis für alle Sinne kennenlernen? Egal, was Ihnen besser gefällt, für alle Positionen werden Sie

den entsprechenden Ratgeber finden. Und ich verrate Ihnen mal was: Sie werden sowieso den Ratgeber kaufen, der Ihre Meinung bestätigt! Natürlich, jede Seite behauptet, dass ihren Ausführungen wissenschaftliche Erkenntnisse zugrunde liegen, aber was es damit auf sich hat, haben wir ja schon gesehen.

Es gibt aber noch eine andere Form von Ratgeberliteratur. Das sind diejenigen, die Ihnen sagen, was passiert, wenn Sie dies oder jenes tun oder unterlassen. Wenn dies, dann das … Wenn Sie Ihr Kind so und so fördern, wird es musikalisch. Wenn es früh Ordnung und Disziplin lernt, wird es ein fleißiger Schüler. Wenn es mit Matsch und Holzspielzeug spielt, wird es kreativ, wenn es mit dem Computer spielt, aggressiv … Das wird zwar auch alles irgendwie schlüssig begründet, ist aber letzten Endes nicht nur normativ, sondern vor allen Dingen spekulativ. Man weiß nämlich überhaupt nicht, ob das alles wirklich was bringt oder auch nicht, beziehungsweise ob die Kinder sowieso alles mehr oder weniger von selbst gelernt hätten. Wenn man diese und jene motorische Förderung macht, lernt das Kind schneller laufen. Aber woher weiß ich, ob das Kind nicht sowieso früh laufen gelernt hätte? Wie kann man denn wissen, ob das frühe Spiel mit pädagogisch wertvollen Spielsachen aus dem Kind ein Genie macht? Natürlich mit Statistik. Aber wachsen die Kinder, die Orff-Instrumente und Waldorfspielständer in ihrem Zimmer haben, allesamt zu Genies heran, oder gar umgekehrt, ist es allen andern Kindern, die so was nicht haben, vergönnt, eine glänzende Laufbahn als Wissenschaftler einzuschlagen? Wohl kaum.

Ich will jetzt nicht behaupten, dass alles willkürlich und sowieso egal ist. Viele Ratschläge haben sicher Hand und Fuß und einiges ist vielleicht sogar hilfreich, aber es darf nicht zur Religion werden. Wer unhinterfragbare Wahrheiten und verbindliche Verhaltensregeln will, gehe in die Kirche oder in die Moschee oder in die Synagoge oder wo auch immer hin.

Auf jeden Fall kann man darauf vertrauen, dass man als Mutter oder Vater genauso kompetent ist wie jeder andere auch. Das heißt nicht, dass man sich keine Ratschläge anhören sollte. Aber diese Ratschläge sollten

mehr als Denkanstöße oder Inspirationen dienen denn als feste, unumstöß-liche Regeln. Wenn Sie ein Buch zu Hause haben, das Ihnen weismachen will, es hätte die einzige Antwort und kenne den einzig richtigen Weg, be-nutzen Sie das lieber nicht zum Lesen, Ihnen wird sicher noch ein anderer Verwendungszweck einfallen. Und wenn nicht: Bücher sind aus Papier, Papier kann man recyceln.

TEIL 2

Eltern werden ist nicht schwer, Eltern sein dagegen sehr.

Ein kritischer Blick auf die Lebenssituation junger Familien

Vom schönen Leben

Bevor man Kinder bekommt, macht man sich ja so seine Vorstellungen, wie das Leben mit Kind wohl sein wird. Dass man dabei zu so mancher Fehleinschätzung kommt, ist Ihnen ja sicher auch schon aufgefallen. Das liegt unter anderem daran, dass Schein und Sein oft recht weit auseinanderliegen. Gehen Sie mal an einem sonnigen Tag an einem Spielplatz vorbei. Oder besser gesagt, stellen Sie sich vor, Ihre kinderlose Freundin geht auf dem Weg zur Arbeit an einem Spielplatz vorbei. Was wird die wohl denken? »Ach, den Müttern geht es ja sooo gut. Sie müssen nicht arbeiten und können den lieben langen Tag auf dem Spielplatz in der Sonne sitzen und Kaffee trinken.« So, und jetzt denken Sie mal an Ihr reales Leben. Ja, Sie sehen es. Nicht alles ist so, wie es scheint, und meistens kommt es schlimmer, als man denkt. Gut, man verbringt als Mutter wirklich viel Zeit auf dem Spielplatz. Das stimmt schon. Dass man dabei in der Sonne sitzt, kommt dann schon wesentlich seltener vor. Erstens scheint bei uns die meiste Zeit im Jahr sowieso keine Sonne und zweitens verbringt man auf Spielplätzen nur einen Bruchteil der dort verbrachten Zeit sitzend. Meistens ist man damit beschäftigt, das Leben seiner Kinder zu retten, Sand aus allen erdenklichen Körperöffnungen zu entfernen und Streit zu schlichten. Sehr gemütlich übrigens und nur marginal schlechter als ein Tag im Büro. Solange alles glatt läuft. Wovon man allerdings nicht ausgehen sollte. Es gibt einfach zu viele Eventualitäten, die noch eintreten könnten. Und dabei ist Katzenscheiße im Sandkasten und folglich auch im, auf und am Kind noch eine der angenehmeren Überraschungen. Es könnte schlimmer kommen. Man könnte zum Beispiel vergessen haben, die Lieblingsschaufel vom Kind einzupacken. Und das ist eine Katastrophe, deren

Ausmaß sich Nichteltern nur sehr schwer vorstellen können. Dass man auf Spielplätzen Kaffee trinkt, ist übrigens auch eher unwahrscheinlich. Schließlich packt eine durchschnittliche Mutter für einen zweistündigen Spielplatzbesuch ungefähr so viel ein, wie ein Single zu einer zweiwöchigen Campingreise mitnehmen würde. Da ist dann wirklich kein Platz mehr für eine Thermoskanne. Und sich auf dem Weg schnell mal einen Kaffee beim Bäcker zu holen, ist aus mehreren Gründen in der Regel den Aufwand nicht wert. Beim Bäcker gibt es Süßigkeiten und anderes hochexplosives Konfliktmaterial. Schon alleine deshalb versucht man, seine Besuche dort auf ein Minimum zu beschränken. Aber es würde auch einen Umweg, eine Zeitverzögerung und ganz allgemein eine nervliche Strapaze bedeuten. Um das auf sich zu nehmen, muss man mit seinem Koffeinpegel schon extrem im negativen Bereich liegen. Meistens kommt man mit dem Thema Kaffee auf Spielplätzen eher insofern in Berührung, als auf jedem Spielplatz mindestens eine stillende Mutter anzutreffen ist, die zwar keinen Kaffee trinkt, aber dringend einen bräuchte. Und wenn dann doch mal Kaffee getrunken wird, dann trinken ihn meistens die anderen. Tja. Jetzt könnte natürlich der Eindruck entstehen, Spielplatzbesuche seien extrem aufregend und so was Ähnliches wie ein Abenteuerurlaub. Aber so ist das nun auch wieder nicht. Spielplatzbesuche sind extrem langweilig. Selbst wenn das eigene Kind gerade von einem gefühlt 50 Meter hohen Klettergerüst springen will und verlangt, dass man sich das anschaut, ist das nicht so spannend, wie man meinen sollte. Man steht zwar jedes Mal kurz vor einem Herzinfarkt, aber es ist halt auch nicht gerade so, dass es das erste Mal wäre, dass man sich so was anschauen muss. Wahrscheinlich hat das Kind das Thema »Springen« vor ca. drei Wochen für sich entdeckt und springt seitdem ungefähr tausendmal am Tag irgendwo runter. Und jedes Mal muss man sich das anschauen und ungefähr die gleiche Begeisterung aufbringen, als ob man es das erste Mal gesehen hätte. Und dabei weiß man, dass das noch eine gefühlte Ewigkeit so weitergehen kann. Wenn das Kind wenigstens irgendwelche gefährlichen Kunststücke macht, hat man zumindest noch etwas Action dabei. Schlimmer ist es, wenn das Kind seit fünf Wochen Eisverkäufer spielt. Dann müssen Sie alle zwei Minuten ein Eis bestellen, die Sorte auswählen, sich bedanken und aufessen. Und dann gleich noch mal und noch mal und noch mal. Sehr spannend. Aber da können Sie wenigstens versuchen, an einen Kaffee ranzukommen, allerdings nur an einen imaginären. Wobei das meistens auch nicht klappt, weil es entweder nur Eis gibt oder der Kaffee so heiß ist, dass Sie ihn nicht anfassen dürfen. So ist das halt, wenn man versucht, mal eine Variation in das Spiel einzubauen. Das ist sowieso in der Regel keine gute Idee. Wenn Ihnen zu langweilig ist, versuchen Sie lieber, die Strategie anzuwenden, mit der unzählige Eltern vor Ihnen auch schon gescheitert sind. Verabreden Sie sich! Das ist dann nämlich ganz super. Sie können sich mit der netten Mama vom Kinderturnen unterhalten und die Kleinen spielen zusammen. Oder so ähnlich. Wenn Sie Glück haben und die Mutter wirklich so nett ist, wie Sie dachten, können Sie tatsächlich versuchen, sich ein wenig zu unterhalten. Versuchen Sie es aber nicht mit Gesprächen, die es erforderlich machen, dass man mehr als zwei zusammenhängende Sätze hintereinander spricht. Wenn Sie allerdings feststellen, dass Sie und die andere Mutter aber auch gar nichts verbindet, abgesehen davon, dass Sie beide Kinder haben, können Sie das mit dem Unterhalten auch gleich weglassen. Dann können Sie gleich dazu übergehen, alle möglichen Streitigkeiten und Interessenkonflikte zu klären, die dann auftreten, wenn Kinder aufeinandertreffen. Aber wie dem auch sei, wenn Ihre kinderlose Freundin dann nach der Arbeit noch mal kurz bei Ihnen auf dem Spielplatz vorbeischaut, wird sie mit Sicherheit etwas anderes sehen, als Sie fühlen.

Pass gut auf!

Wenn man Kinder hat, muss man gut aufpassen. Man muss aufpassen, dass sie nicht vors Auto laufen, sich nicht an der Herdplatte verbrennen, nicht vom Klettergerüst fallen … Kinder leben gefährlich, und da ist es nur logisch, dass man sie vor den bekannten Gefahren schützen muss. Das weiß jeder, sogar Nichteltern. Es gibt aber noch einige andere merkwürdige Katastrophen, die einen ereilen können, von denen Nichteltern noch nicht mal träumen würden. So wird beispielsweise sowohl von Experten als auch von erfahrenen Eltern dringlichst davor gewarnt, das Kind mit zu sich ins Bett zu nehmen. Da heißt es: »Pass auf, wenn du das Kind erst mal bei dir im Bett hast, bekommst du es NIE wieder raus!« Stellen Sie sich das mal vor! Ein Kind, das für immer in der Besucherritze feststeckt. Das wäre ein wirklich ernst zu nehmendes Problem, das die Lebensplanung immens beeinträchtigen würde. Und schließlich werden Kinder ja auch irgendwann mal groß, dann wird es ganz schön eng im Bett. Wobei das wohl noch das geringste Problem wäre, wenn man bedenkt, dass der arme Mensch sein ganzes Leben im Bett verbringen muss. Mir ist zwar nicht ganz klar, wie es technisch gesehen zu diesem katastrophalen Unfall kommen kann, aber offenbar scheint das Risiko dafür recht hoch zu sein. Eigentlich ist mir auch kein solcher Fall bekannt, aber das liegt wohl daran, dass die Eltern einfach immer gut aufpassen.

Ein anderes Risiko, mit dem Nichteltern im Leben nicht rechnen würden, betrifft das Tragen des Kindes. Auch das ist sehr gefährlich. Und nicht etwa für den Rücken der Mutter, was man sich ja noch irgendwie vorstellen könnte, nein, auch hier besteht die Gefahr, dass man das Kind NIE wieder vom Arm runterbekommt. Und das wäre wirklich mehr als unpraktisch.

Wie wickelt man ein Kind, wenn man es nicht mehr vom Arm abbekommt? Wie duscht man oder geht aufs Klo? Das ganze Leben wäre extrem kompliziert, und zwar umso komplizierter, je größer das Kind wird. Außerdem lernen Kinder, die ständig getragen werden, nie, zu laufen, brauchen sie ja auch nicht, wenn man sie sowieso immer am Arm hat. So gesehen wäre das wiederum sehr effizient.

Es gibt aber noch eine andere ausgesprochen merkwürdige Sache, vor der man sich wirklich in Acht nehmen sollte. Man muss nämlich unglaublich gut aufpassen, dass sein Kind nicht zum Tyrannen wird. Wirklich wahr! Ich weiß, das ist ein merkwürdiger Berufswunsch. Kleine Kinder wollen ja normalerweise zur Müllabfuhr oder vielleicht zur Feuerwehr. Auch das ist merkwürdig, aber nicht weiter gefährlich. Wenn das Kind aber Tyrann werden möchte, sollte man es wirklich davon abhalten. Mal abgesehen von den ganzen ethischen Problemen, die das mit sich bringen würde, sehen die Berufsaussichten für Tyrannen wirklich schlecht aus. Allein in Deutschland werden jährlich ca. 650.000 Kinder geboren. Selbst wenn man nicht besonders gut in Mathe ist, kann man sich ausrechnen, dass die Konkurrenz bei 194 Staaten weltweit immens ist. Es liegt ja in der Natur der Tyrannei, dass man pro Land nur einen Tyrannen benötigt. Dann muss man auch noch bedenken, dass viele der 194 Staaten relativ gefestigte politische Strukturen haben und es recht unwahrscheinlich ist, dass sich dort ein Tyrann durchsetzen kann. Ich meine, wenn man erst mal an so einen Posten rangekommen ist, dann stehen einem natürlich alle Türen offen. Na ja, natürlich nicht alle. Bei den ganzen Menschenrechtlern kann man dann auch nicht mehr punkten. Aber das will man dann wahrscheinlich auch nicht. Trotzdem. Tyrann zu werden ist wirklich keine gute Idee. Glauben Sie mir. Davon sollten wir unsere Kinder lieber abraten!

Arbeitest du schon wieder?

»Arbeitest du schon wieder?«, ist eine der beliebtesten Fragen an frischge-
backene Mütter. Das hört sich zunächst mal nach unverfänglichem Small-
Talk an. Ist es aber nicht. Diese Frage symbolisiert quasi das Dilemma der
weiblichen Existenz. Die richtige Antwort auf diese Frage wäre eigentlich
immer: »Ja, und zwar Vollzeit. Neben meinen normalen Aufgabenberei-
chen wie Kochen, Putzen, Waschen und Kinderbetreuung (gegebenenfalls
noch Geldverdienen) habe ich eine 24-stündige Rufbereitschaft übernommen. Ich bin quasi 24 Stunden im Dienst. Und du?« Meistens sagen die
Befragten aber so was wie: »Nein, ich bin noch zu Hause.« Oder: »Ja, aber
nur Teilzeit.« Das liegt daran, dass sie die Frage innerlich so umformulie-
ren, wie sie ursprünglich gemeint war. Der Fragende wollte nämlich wissen, ob die Mutter Geld verdient und nicht, ob sie arbeitet. Gut, aber mal
abgesehen davon, dass Mütter natürlich immer genug Arbeit haben, dafür
aber meistens kein Geld bekommen, birgt diese Frage noch weiteres Kon-
fliktpotenzial. Denn egal welche Antwort man darauf gibt, besteht immer
die Gefahr, dass sie zum Quell sozialer Ächtung wird. Im Grunde gibt es
auf diese Frage ja nur zwei Antwortmöglichkeiten. Entweder sagt man »Ja«
oder »Nein«. Sagt man »Ja«, dann stellt sich natürlich gleich die nächste
Frage, nämlich: »Und was ist mit dem Kind?« Ja was ist mit dem? Das wird,
Achtung, jetzt kommt das böse Wort, »fremdbetreut«. Mein Computerpro-
gramm kennt dieses Wort noch nicht mal; so verrückt ist das. Fremdbetreuung! Wieso setzt man dann überhaupt Kinder in die Welt? Echt, die
armen Dinger. So egoistisch kann man doch nicht sein! Und so weiter und
so weiter ... Gut, dann sagt man lieber: »Nein!« Aber das ist auch nicht
richtig. Wozu hast du denn dann studiert? Immer diese Übermütter! Und

dafür haben sich die Frauen in den 70er-Jahren den Arsch aufgerissen, dass ihr jetzt zu Hause hockt, euch von euren Männern ernähren lasst und die Emanzipation den Bach runtergeht? Das gibt's doch nicht! Hilfe! Was soll man denn jetzt tun? Arbeiten, nicht arbeiten, Kinder abgeben, Kinder nicht abgeben ... Scheinbar steht diese zunächst recht privat wirkende Entscheidung doch mehr im öffentlichen Interesse, als man denkt. Sogar die Politik hat da ein Wörtchen mitzureden. Und ich befürchte, dass, auch wenn die Familie angeblich unter einem besonderen Schutz steht, ihre ureigenen Interessen und insbesondere die der Kinder nicht gerade an erster Stelle stehen.

Da gibt es zum Beispiel das Elterngeld. Das ist ja quasi ein Geschenk, wenn auch eher für Besserverdiener. Dieses Geschenk gibt es ein Jahr lang. Das deutet bereits darauf hin, dass die Mutter doch spätestens ab diesem Zeitpunkt bitte wieder arbeiten gehen soll. Das würde ja auch der Firma, in der man arbeitet, gerade recht sein. Eine längere Pause wäre ihr kaum zumutbar. Allerdings hatte man bis vor Kurzem erst ab dem dritten Lebensjahr des Kindes einen Anspruch auf Kinderbetreuung. Dass es da eine kleine Lücke gab, ist der Politik dann auch aufgefallen und deshalb soll jetzt der Rechtsanspruch auf einen Betreuungsplatz auch schon für unter Dreijährige gelten. Da könnte man jetzt denken, eine möglichst frühe Rückkehr der Mutter in den Beruf sei politisch gewollt. Doch dann erscheint das Betreuungsgeld am Horizont. Da bekommen Eltern, die ihr Kind bis zum dritten Lebensjahr selbst betreuen, Geld versprochen. Das ist auch ein Geschenk, allerdings eher für schlechter verdiende. Die Lage ist verwirrend. Man könnte jetzt sagen, das erhöhe die Wahlfreiheit der Eltern. Tut es in gewisser Weise auch. Allerdings wird die Latte dadurch auch recht hoch gelegt. Wo die Frauen noch vor ein paar Jahren dafür kämpfen mussten, nicht als Heimchen am Herd zu enden, wird von der heutigen Frau erwartet, dass sie eine Eierlegende Wollmilchsau sei, die sowohl am heimischen Herd als auch am Arbeitsplatz und im gesellschaftlichen Leben den maximal möglichen Ertrag erbringt. Eine perfekte Frau kümmert sich aufopferungsvoll um ihre Kinder, macht Karriere, vernachlässigt sich dabei nicht

selbst und geht zum Sport und ins Theater, engagiert sich im Verein und ist dabei gut drauf. Gut, man könnte jetzt einwerfen, dass der heimische Herd eine Frau auch nicht mehr so ganz auslastet. Das stimmt auch. Es gibt Waschmaschinen, Einwegwindeln, Elektroherde, Mikrowellen, und die wenigsten Frauen müssen sich noch nebenbei um die Landwirtschaft kümmern. Im Prinzip sollte man die Mutterschaft doch mit links wuppen. Da kommt aber noch ein anderer Aspekt dazu. Die Mutter ist seit Neuestem auch noch der Manager ihrer Kinder. Und soll dafür sorgen, dass aus den Kindern gefälligst was wird. Aus ihr aber auch, bitte schön!

Kinder machen arm

Neben dem Wunsch beider Elternteile, sowohl Karriere als auch Familie unter einen Hut zu bringen, steht oft die wirtschaftliche Notwendigkeit, die beide Elternteile zur Erwerbstätigkeit zwingt. Die Zunahme von prekären Beschäftigungsverhältnissen mit befristeten Stellen, Niedriglohn, Minijobs und Praktika macht es immer schwerer, dass ein Alleinverdiener eine Familie ernähren kann. Häufig sind Familien darauf angewiesen, dass beide Elternteile schon sehr früh wieder arbeiten gehen. Da stellt sich die Frage danach, wie wir als Gesellschaft leben wollen? Darf es sein, dass in einer der reichsten Industrienationen Kinder zum Armutsrisiko Nummer eins werden?

Von Siegern und Verlierern

Besser, schneller, weiter ... Ich bin der Größte, und der Stärkste bin ich auch. Ätschi bähtsch! Wettkämpfe machen Spaß. Solange ich gewinne. Ha, und wenn meine Chancen besonders gut stehen, werfe ich meinen Hut in den Ring und: Tatta, da bin ich! Auf in den Kampf! Wer bremst, hat Angst! Wer nicht kämpft, hat schon verloren und den Letzten beißen die Hunde. Jipee, so geht es den ganzen Tag. Den Lahmarsch an der Ampel habe ich schon längst abgehängt, und als die neue Supermarktkasse aufgemacht wurde, stand ich als Erste am Förderband. Mann, bin ich pfiffig. Meinem Kollegen habe ich den Auftrag weggeschnappt, und bei eBay habe ich meinen alten Kram teurer verkauft, als ich ihn eingekauft habe. Ich bin aber schlau. Und von meinen Kindern lasse ich mir auch nicht auf der Nase rumtanzen. Hihi, das Überraschungsei hat der Kleine nicht bekommen. Da kann er schreien, wie er will. Der Chef bin immer noch ich. Und die Spielsachen werden weggeräumt, aber sofort! Bloß nicht nachgeben. Die Kinder versuchen ständig, das Zepter in die Hand zu bekommen. Aber nicht mit mir. Ich bin der geborene Gewinner. Ich habe noch jeden Kampf gewonnen. Oh! Das Telefon klingelt. Ich geh mal ran. Es wird doch nicht der Chef sein? Ob ich am Wochenende arbeiten kann? Also na ja, ich habe Karten für das Fußballspiel. Ach so, es ist wichtig. Ja dann. Gut, ich komme. Mist, verloren. Na ja, man muss auch mal eine Niederlage einstecken können. So ist das halt. Jeder gegen jeden und jeder ist sich selbst der Nächste. Das müssen schon die Kleinsten lernen. Werdet groß und selbstständig! Setzt euch durch und härtet euch für das Leben ab! Das Leben ist hart und keiner hilft dir. Nur wer sich selbst hilft, kann gewinnen, drum lebe einzeln und frei wie ein Baum! Lösche aus deinem Herzen die ewige Sehnsucht nach der Brüderlichkeit des Waldes. Denn das gehört sich nicht! Oder gehört es sich doch so?

Geben wir dem Kind einen Namen

Sicher gehen Sie auch davon aus, dass Sie die Zukunft Ihrer Kinder beeinflussen können. Das können Sie auch. Allerdings haben Sie wahrscheinlich Ihr größtes Einflusspotenzial schon verschleudert, während Sie gerade dieses Buch in den Händen halten. Sie haben nämlich die Möglichkeit, schon *vor* der Geburt Ihres Kindes seine Schulleistungen zu beeinflussen, und dazu müssen Sie es noch nicht mal mit Mozart beschallen. Sie müssen ihm nur den richtigen Namen geben. Das klingt komisch, ist aber wahr. Wobei der richtige Name natürlich nicht die Schulleistungen Ihres Kindes verbessert, solche Behauptungen gehören eher in den Bereich der Esoterik, vielmehr verbessert der richtige Name die Bewertung der erbrachten Leistung. Sie müssen Ihrem Kind also nur den richtigen Namen geben und schon bekommt es bessere Noten. Das Prinzip ist schließlich schon lange bekannt. Nutella schmeckt eben besser als irgendeine Nussnugatcreme. Doch jetzt hat die Uni Oldenburg eben auch eine Studie vorgelegt, die beweist, dass der Vorname des Kindes einen großen Einfluss darauf hat, wie ein Lehrer seine Leistung bewertet. Kevin bekommt für die gleiche Leistung zum Beispiel eine schlechtere Note als Maximilian. Ein Lehrer soll in diesem Zusammenhang gesagt haben, Kevin sei kein Name, sondern eine Diagnose. Tragisch für alle Kinder, die jetzt schon mit dem falschen Namen ausgestattet sind, aber ein großes Potenzial für alle ungeborenen Kinder, die den richtigen Namen verpasst bekommen. Allerdings müssen Sie da gut aufpassen und den Trend verfolgen. Während heute der eine Name bei der Bewertung schlecht dasteht, kann es morgen schon ein ganz anderer sein. Momentan sollten Sie Ihr Kind also lieber nicht Chantal, Mandy, Ja(c)queline, Kevin, Justin, Cedric oder Marvin nennen. Wenn Sie das

schon getan haben, tja, Pech gehabt. Nachträgliche Namensänderungen sind äußerst kompliziert. Also passen Sie wenigstens beim nächsten Kind besser auf! Vermutlich sollte man auch politische und historische Ereignisse mit im Blick haben. So sollte man sein Kind grundsätzlich niemals Adolf nennen und mit Osama wird es für absehbare Zeit wohl auch nicht gerade glücklich. Vielleicht verzichten Sie am besten überhaupt darauf, Ihr Kind nach irgendwelchen berühmten Persönlichkeiten zu benennen. Das kann schnell nach hinten losgehen. Machen Sie sich lieber schon bei der Zeugung bewusst, dass Ihr Kind schneller, als Ihnen lieb sein wird, der öffentlichen Bewertung ausgesetzt sein wird. Und schließlich lässt sich selbst das beste Produkt nur mit dem richtigen Label vermarkten. Also passen Sie auf, wenn Sie Ihrem Kind seinen Markennamen verpassen, und behalten Sie gesellschaftliche Trends im Blick, schließlich wollen Sie am Ende nicht auf Ihrem Erzeugnis sitzen bleiben.

Und vergessen Sie dabei nie:

Jaqueline tut auch nur ein mench sein,
der nix führ seinen Nahmen kan.

Ihre Nele

Du sollst nicht ... jeden Scheiß glauben

Während meiner Arbeit als Sozialpädagogin und als Autorin werde ich immer wieder gefragt: »Was soll ich in diesem oder jenem Fall tun? Ist diese oder jene Entscheidung besser? Warum tut mein Kind dieses oder jenes?« Tja, was soll ich dazu sagen? Wenn ich das mal wüsste. Natürlich weiß ich es auch nicht. Wie könnte ich. Genauso gut könnte ich die Rat suchenden Eltern selbst fragen: »Mein Sohn tut dies und jenes, was soll ich da nur machen?« Das wissen die aber auch nicht. Wie sollte ich es dann wissen?

Als »Expertin« tut man manchmal so, als wüsste man irgendwas. Das gehört zur Rolle. Aber mal im Ernst, ist das in irgendeiner Weise glaubwürdig? Überlegen Sie mal, wie viele Einflüsse täglich auf Ihr Kind einströmen, wie komplex seine Erfahrungswelt schon ist. Wie kann ich da wissen, was es wirklich bewegt? Ich kann es nicht. Am ehesten können es noch die Eltern selbst wissen. Aber die können vieles auch nicht ändern. Vor allem weiß man im Nachhinein oft nicht, was letzten Endes den Ausschlag gegeben hat. Hat mein Kind aufgehört in der Schule zu stören, weil es ein Sternchen ins Heft gemalt bekommt, wenn es brav ist, weil es nicht vor die Tür geschickt werden will oder weil ich nachmittags mit ihm zur Psychomotorik-Stunde gehe? Oder, und das wäre wirklich unverschämt, hat das alles gar nichts damit zu tun und mein Kind hat sich einfach selbst entschieden, damit aufzuhören? Oder noch schlimmer, es war Zufall! Blöderweise gibt es Dinge, die sind zufällig, unabänderlich oder eigenständig entstanden. Leider und zum Glück ist nicht alles machbar. Komischerweise aber gibt es unzählige Menschen, die meinen, sie wüssten, wie Kindererziehung funktioniert.

Wenn man sich die Ratgeberliteratur anschaut, wimmelt es von Rezepten, Anleitungen und Programmen. Aber kann ich mir ein Kind backen wie einen Kuchen? Es formen, wie Gott angeblich Eva aus der Rippe Adams formte? Bin ich vielleicht Gott? Sofern man nicht unter krankhaftem Größenwahn leidet, wird man vermutlich einsehen, dass man selbst nicht Gott ist. Einzusehen, dass man nicht alles aus und mit seinem Kind machen kann, ist da schon schwieriger. Aber ist nicht jedes Kind ein neuer Anfang und somit einmalig? Irgendwie schon. Und irgendwie schaffen es sogar unzählige Eltern in allen Teilen der Welt, ihre Kinder großzuziehen, und die allermeisten Kinder entwickeln sich dabei sogar auch noch gut. Kinder bekommen und sie großzuziehen ist nämlich das Natürlichste auf der Welt. Und jetzt kommt die überraschende Nachricht: Eltern können das sogar! Sie können das sogar in den meisten Fällen gut, zumindest gut genug. Und gut genug reicht schon. Eltern können ihre Kinder großziehen, egal, wie gebildet sie sind, ob sie reich oder arm sind, schlau oder dumm. Alles nicht so wichtig. Was wirklich zählt, sind Herzenswärme, Liebe und Intuition. Tja, und das ist quasi inbegriffen im Menschsein. Zumindest sofern es nicht ausgetrieben wurde. Jeder Mensch wurde mit der Fähigkeit, zu fühlen und zu lieben, geboren. Zum Glück. Nun wäre es wünschenswert, diese Fähigkeit im Umgang mit Kindern zu schulen, um seine eigene Fähigkeit zu Liebe und Mitgefühl noch weiter auszubilden und so dem Kind ein guter Begleiter auf dem Weg ins Leben zu sein. Allerdings ist das in den seltensten Fällen der Fall. Sein Herz zu schulen klingt fast schon esoterisch, altmodisch oder bestenfalls etwas schräg. Lieber schulen wir unseren Verstand und übrigens auch den der Kinder. Deshalb wollen wir auch gerne »vernünftige« Lösungen für die Probleme unserer Kinder. »Mach dies und jenes, dann wird alles gut.« Das ist irgendwie konkret und greifbar und scheint auch einfacher zu sein. Es hat auch nicht so viel mit mir selbst zu tun. Aber ist dieser Weg auch der richtige? Natürlich weiß auch das niemand mit Gewissheit. Dennoch kann es wohl nicht schaden, wenn man zuerst sein Herz fragt, bevor man den Rat eines Experten einholt. Experten für Kinder sind die Eltern.

Kinder sind befremdlich

Gefühlt haben alle Eltern zwei Leben. Das Leben mit Kind und das Leben ohne Kind. Schon komisch. Man sollte ja meinen, dass die Kinder zum Leben dazugehören, aber irgendwie scheint das nicht so zu sein. Wenn die Kinder endlich schlafen, fängt das Leben an. Mal ohne Kinder ausgehen, ein Wochenende ohne Kinder wegfahren oder einfach nur zur Arbeit gehen. Dann beginnt das Leben erst richtig. Die Zeit, die mit den Kindern verbracht wird, wird irgendwie in einem anderen Ordner abgespeichert. Aber warum ist das so? Darüber habe ich mir lange den Kopf zerbrochen. Ich hatte unsere kinderfeindlichen gesellschaftlichen Rahmenbedingungen im Verdacht, vermutete eine gewisse psychische Abspaltung des Kindlichen im Inneren der Eltern oder was auch immer. Nachdem ich aber heute Morgen mit meinem Sohn am Frühstückstisch gesessen habe, wurde mir so einiges klar. Kinder sind befremdlich. Sie sind nicht der Fremde in uns, den der Schweizer Psychoanalytiker Arno Gruen für so einige psychische Fehlentwicklungen verantwortlich macht, sondern der Fremde neben uns. Sie sitzen ganz real neben uns und sind noch nicht mal von einer äußeren Hülle verborgen. Man sieht genau, was sie so alles Merkwürdiges tun. Aber nicht nur, dass sie sich sonderlich benehmen und beispielsweise das Müsli wie der Hund aus der Schüssel schlecken, zwischendurch einen Popel verspeisen und sich dann über einen Pups zehn Minuten lang kaputtlachen, nein, man hört auch, was sie so alles sagen. Und das ist wirklich befremdlich. »Mama, bist du bald tot?« »Nein.« »Wievielmal noch schlafen?« »Bis ich tot bin!?« »Ja« »Ich weiß es nicht. Das weiß niemand. Iss dein Müsli.« »Ich bin aber ein Hund.« »Dann friss.« »Friss ist ein böses Wort.« »Warum?« »Hat die Tanja gesagt.« »Aber Hunde fressen doch.«

»Ich bin kein Hund, ich bin ein Junge.« »Ach so, dann iss halt.« »Die Oma ist aber alt.« »Ja.« »Die sieht auch alt aus.« »Wieso?« »Die hat so Striche im Gesicht.« »Das sind Falten.« »Dann ist sie bald tot.« »Ich glaube nicht.« »Aber wenn sie tot ist, bleiben nur noch die Knochen übrig. Wie bei den Dinos.« »Ja.« »Wo tun wir dann die Knochen hin?« »Wenn jemand stirbt, wird er doch begraben. Die Knochen sind im Sarg.« »Warum?« »So ist es halt.« »Schade.« »Hm.« »Weißt du was?« »Was?« »Ich habe gestern Kacka gemacht.« »Ja?« »Und ein Stück ist wie eine Bombe ins Wasser gefallen. Platsch! Aber manchmal kacke ich auch eine Wurst.« »Aha.« »Der Hund vom Papa war ganz stark.« »Ja.« »Wo ist der jetzt?« »Der ist schon gestorben.« »Gestorben heißt tot.« »Genau.« »Und wo sind seine Knochen.« »Ich weiß es nicht.« »Warum?« »Das ist schon lange her. Das war in Istanbul.« »PAPAAA!!!!!« »Ja?« »Wo sind die Knochen von deinem Hund?« »Oh, das weiß ich nicht.« »Dann lass uns suchen.« (Er springt auf.) »Das ist aber ganz weit weg. Da müssen wir mit dem Flugzeug fliegen.« »Au ja, lass uns in den Urlaub fliegen!« Was soll man dazu sagen? Möchten Sie mit jemandem in den Urlaub fliegen, der sich am Frühstückstisch mit Ihnen über solche Themen unterhält und der es für eine gelungene Urlaubsplanung hält, nach den Knochen eines längst verstorbenen Hundes zu suchen? Sehen Sie. Und deshalb habe ich zwei Leben. Eins mit Kind und eins ohne. So einfach ist das. Weitere Erklärungen sind da nicht nötig.

Kindheit ist nicht genug

Eine Kindheit zu haben alleine reicht nicht, sie muss auch perfekt sein. So viel ist klar. Nur eine perfekte Kindheit ergibt den perfekten Erwachsenen. Darum sind Eltern auch überaus ambitioniert, ihren Kindern eine perfekte Kindheit zu ermöglichen. Der Journalist Nils Minkmar beschreibt das Leben auf deutschen Kinderspielplätzen in seinem Artikel »Die Überforderung der Kindheit« auf folgende Weise: »Derart entfesselte Ambitionen würde man sich an manchem deutschen Arbeitsplatz wünschen. Der Spielplatz wird zum Assessmentcenter mit Plastikspielzeug ohne Weichmacher. Die Kleinen werden von ihren eigenen Eltern als künftige Player der globalisierten Ökonomie bewertet, es geht um Sozialkompetenz, Problemlösungskapazität, emotionale Intelligenz und allseitige Optimierung. Die anwesenden Eltern haben zu allem einen Tipp, schlichten jeden Schippenstreit, pazifizieren und reglementieren, dass die Kinder nur noch staunen.« (FAZ, 10.07.2013, S. 29)

Spielen allein reicht nicht aus, denn man kann ja noch schöner, besser und vor allem *effektiver* spielen. Permanent gibt es was zu optimieren. Das Gute kann stets noch verbessert werden: »Der Anblick einer irgendwie vor sich hin spielenden Bande«, so Minkmar im selben Artikel, »macht manche Eltern nervös. Offenbar haben die Kinder ihren Spaß, schön, aber ist es auch richtiger, wertvoller Spaß?« Dass die Kinder erst mal ihre eigene Gegenwart leben und nicht an die Zukunft denken, ist uns irgendwie suspekt. Denn der Wert der Kindheit, so glauben viele, ergibt sich erst aus den zu erwartenden Leistungen der Kinder, wenn sie groß sind. Wie heißt es so schön: Kinder sind eine Investition in die Zukunft. Und je mehr man sich anstrengt und je perfekter diese Kindheit verläuft, umso besser wird auch

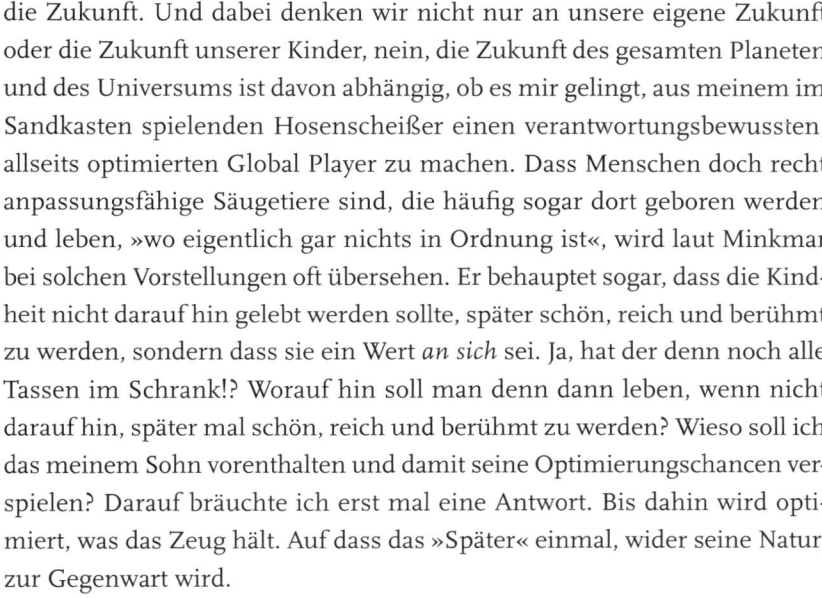
die Zukunft. Und dabei denken wir nicht nur an unsere eigene Zukunft oder die Zukunft unserer Kinder, nein, die Zukunft des gesamten Planeten und des Universums ist davon abhängig, ob es mir gelingt, aus meinem im Sandkasten spielenden Hosenscheißer einen verantwortungsbewussten, allseits optimierten Global Player zu machen. Dass Menschen doch recht anpassungsfähige Säugetiere sind, die häufig sogar dort geboren werden und leben, »wo eigentlich gar nichts in Ordnung ist«, wird laut Minkmar bei solchen Vorstellungen oft übersehen. Er behauptet sogar, dass die Kindheit nicht darauf hin gelebt werden sollte, später schön, reich und berühmt zu werden, sondern dass sie ein Wert *an sich* sei. Ja, hat der denn noch alle Tassen im Schrank!? Worauf hin soll man denn dann leben, wenn nicht darauf hin, später mal schön, reich und berühmt zu werden? Wieso soll ich das meinem Sohn vorenthalten und damit seine Optimierungschancen verspielen? Darauf bräuchte ich erst mal eine Antwort. Bis dahin wird optimiert, was das Zeug hält. Auf dass das »Später« einmal, wider seine Natur, zur Gegenwart wird.

Das Märchen vom selbstständigen Kind

Es ward ein Kind geboren. Es begab sich aber zu einer Zeit, dass ein Gebot ausging, dass alle Welt selbstständig werden solle. Die Mutter gebar ihren ersten Sohn und wickelte ihn in Windeln und legte ihn in sein Gitterbettchen; denn sie hatten sonst keinen Raum für ihn. Dieses Kind war der ganze Stolz seiner Eltern, und es war so selbstständig, dass das Wort, das über dieses Kind gesagt war, sich über das ganze Land ausbreitete und die Leute kamen und wunderten sich. Schon nach wenigen Tagen schlief das Kind alleine in seinem Bettchen ein, bald lernte es, aus einem Fläschchen zu trinken, und brauchte seine Mutter fortan nimmermehr. Schnell lernte es, sich selbst zu beruhigen, wenn es Kummer hatte, und alleine spielen konnte es schon sehr früh. So konnte die Mutter ihren eigenen Verrichtungen nachgehen. Sobald das Kind gehen konnte, stand es auch schon auf eigenen Füßen, denn die Mutter brauchte ihre Füße selbst. Als das Kind schließlich größer wurde, ging es seinen eigenen Weg. Es zog in die Welt hinaus und tat, was es wollte, und wurde sein eigener Herr. Als seine Eltern dann bei einem Unfall ums Leben kamen, trauerte es nicht sehr, denn es kam ja allein zurecht. So vergingen die Tage und die Kunde von diesem wundersamen Kind verbreitete sich in aller Welt. Bald versammelten sich viele Jünger um es herum und ließen sich von seinen Taten beeindrucken. Zwar konnte dieses Kind keine Blinden sehend und keine Lahmen gehend machen, aber die waren ihm sowieso egal, was zählte, waren allein sein Weg und seine Selbstständigkeit. Die Jünger folgten ihm und nahmen es zum Lehrmeister. Als aus dem Kind ein Mann wurde, hatte der bereits eine solche Eigenständigkeit erlangt, dass er wirklich niemanden mehr brauchte. Selbst seine Gedanken kreisten nur noch um ihn selbst und er fühlte sich niemandem mehr verpflichtet. Er war frei und ungebunden und seine Jünger, um die er sich auch nicht sonderlich scherte, taten es ihm gleich. So verbrachte er sein Leben mit der Erfüllung seiner Wünsche und der Verwirklichung seiner Ziele. Als sein Leben allmählich dem Ende zuging, blickte er zurück und stellte fest, dass niemand ihn vermissen werde.

Born to be wild?

Born to be wild. So heißt der Untertitel von Renz-Polsters Buch »Kinder verstehen«. Während Renz-Polster in seinem Buch versucht, kindliches Verhalten aus evolutionärer Sicht zu erklären und dabei viele verwunderliche Verhaltensweisen unserer Kinder als ehemals sinnvolle Relikte aus der Menschheitsgeschichte entlarvt, ist der Slogan »Born to be wild« zum Wahrzeichen artgerechter Kindererziehung geworden. Kinder sind als Wilde geboren und das wilde Leben ist ein Zeichen elterlicher Kompetenz in Sachen artgerechter Kinderhaltung. Allerdings meint man in diesem Zusammenhang nicht in erster Linie wild im Sinne von »lebhaft und draufgängerisch«, sondern im Sinne von »nicht von den Einflüssen durch die Zivilisation verdorben«. Die Kinder der Wilden werden gestillt und getragen, essen keinen Zucker, dafür Bio und spielen nicht mit Plastik, sondern mit schadstofffreiem Holz. Und das nicht aus Mangel an Alternativen, sondern aus Überzeugung der Eltern natürlich. Inwieweit die Kinder vom zucker- und plastikfreien Leben überzeugt sind, sei mal dahingestellt.

Auf jeden Fall sollen die Kinder, die wie Wilde leben, ihre Bedürfnisse ausleben und alles bekommen, was sie brauchen. Und das, damit alles gut wird. Gleichzeitig aber werden sie jeglicher Wildheit beraubt. Der Duden definiert Wildheit als »Intensität, Kraft, Leidenschaft, Massivität, Stärke, Wucht«. Unsere Kinder aber erfahren das intensive, leidenschaftliche, starke und wuchtige Leben eingemummt in atmungsaktiver, schadstofffreier mit Reflektoren bestickter Funktionskleidung und tragen Sicherheitshelme auf dem Kopf, die bei Stiftung Warentest mit »sehr gut« abgeschnitten haben. Sie klettern auf TÜV-geprüften Spielgeräten und sind mit hautverträglicher Sonnenmilch und Kappe vor der Witterung geschützt. Das wilde

Leben im geschützten Rahmen ist eben nur ein Spiel, das die Erwachsenen spielen. Wie es kein richtiges Leben im falschen geben kann, kann es auch kein wildes Leben in absoluter Sicherheit geben. Zudem bedeutet absolute Sicherheit absolute Kontrolle. Während die Eltern versuchen, ihr Allerbestes zu geben und die Kinder ihren Bedürfnissen entsprechend aufwachsen zu lassen, stehen die Kinder unter ständiger Beobachtung. »Machen wir auch alles richtig? Entwickelt es sich gut?«, ist die stets bange Frage der Eltern. Denn wir Eltern glauben ja fest daran, dass alles so funktioniert, wie wir es wollen, wenn wir nur alles richtig machen. Aber das ist ein Trugschluss. So funktioniert das echte Leben nicht und das wilde schon gar nicht. Oder meinen Sie, die »wilden« Kinder waren vor jeder Gefahr und jeder schlechten Erfahrung geschützt? Gibt es in der Wildnis nur eitel Sonnenschein und Schäfchenwolken? Und vor allem, geht es den »wilden« Kindern besser als den »zivilisierten«? Wahrscheinlich kann man die Frage nicht beantworten, weil es den Kindern einfach anders geht, nicht besser oder schlechter. Und unseren Kindern geht es eben so, wie es einem halt so geht in der Welt, in der wir leben. Und das ist nicht allzu schlecht. Die allermeisten Kinder werden geliebt, die allermeisten Eltern geben ihr Bestes und richten sehr viel Aufmerksamkeit auf die wenigen Kinder, die sie haben. Die Gesundheitsvorsorge ist flächendeckend ausgebaut, es gibt genug zu essen, alles ist gut und das müsste eigentlich schon was werden mit unserem Nachwuchs. Da können wir ihm auch ruhig mal ein bisschen Risiko gönnen und wenn das Risiko nur darin besteht, ein Fast-Food-Restaurant zu besuchen und die Kinder Lebensmittel essen zu lassen, deren genaue Herkunft und Zusammensetzung unbekannt ist. Eine richtige Steilvorlage in Abenteuer und Wildheit wäre es natürlich, einen Autokindersitz zu kaufen, ohne vorher Testberichte zu lesen. Aber das wäre dann auch wieder übertrieben.

Samstags gehört Vati mir

In den 50er-Jahren gab es ein Plakat des Deutschen Gewerkschaftsbundes, das für die Einführung der 40-Stunden-Woche werben sollte. Darauf war ein Kind zu sehen, das rief: »Samstags gehört Vati mir!« Und das funktionierte! Die 40-Stunden-Woche und das freie Wochenende wurden durchgesetzt. Da sieht man's. Früher tickten die Leute anders. Wer würde denn heute noch so ein merkwürdiges Argument anführen? Weniger Arbeitszeit, damit die Väter sich um ihre Kinder kümmern können, wo das doch den Erzieherinnen in den Ganztagseinrichtungen viel besser gelingt? Und wer schon spielt lieber den ganzen Tag mit den Kindern, anstatt bei einem Tässchen Kaffee im Büro zu sitzen? Wenn man mit einem Besuch im Fußballstadion, mit Sport oder mit Biertrinken argumentieren würde, könnte man wahrscheinlich noch heute einige Leute davon überzeugen, dass kürzere Arbeitszeiten erstrebenswert sind. Aber damit, dass der Vati den Kindern gehört?

Irgendwie war man damals eben noch recht altmodisch. Im Zuge der industriellen Revolution wurde die Arbeit immer mehr außer Haus verlagert und die Väter waren gezwungen, den ganzen Tag von der Familie getrennt zu sein. Und schienen das bis in die 50er Jahre hinein als kein besonderes Problem zu empfinden. O.K., wenn die Frau nicht arbeiten »musste« und am Herd stehen konnte, war man doch eher stolz darauf. Und wenigstens ein Elternteil konnte seiner Pflicht gegenüber den Kindern nachkommen und diese Pflicht wurde als bedeutungsvoll wahrgenommen. Allerdings hatten die Mütter dann auch bald die Nase voll davon. Vati geht außer Haus arbeiten und verdient das Geld, das Ansehen und die Hochachtung, während Mutti unsichtbare Arbeiten wie Kochen und Putzen und

Waschen übernimmt. Das ist auch irgendwie doof. Da wollte Mutti doch lieber fort und eine schickere Arbeitsstelle als das Haus. Verständlich, aber schade. Schade, dass Mütter mit ihren wichtigen Aufgaben, die sie in der Kindererziehung übernehmen, nicht annähernd in der Lage sind, dass gleiche Ansehen zu bekommen, wie mit einem tollen Job. Wobei es eigentlich niemandem besonderes hoch angerechnet werden müsste irgendeinen Job zu machen.

Schließlich bekommt man Geld dafür. Für Kindererziehung und Hausarbeit bekommt man aber weder Geld noch Ansehen und man tut es trotzdem. Eigentlich ein Grund zur Hochachtung gegenüber den Müttern (und den wenigen Vätern, die diese Rolle übernehmen). Aber die Hochachtung bleibt aus. Vielmehr wird verächtlich von Herdprämie gesprochen und der Wiedereinstieg junger Mütter in den Beruf wird immer mehr nach vorne verlagert.

Wer sein Kind zu Hause betreut, ist suspekt. Bekommt das Kind dort überhaupt die richtige Anregung und könnten das die Erzieher nicht viel besser? Heute wird mit Slogans wie »Flächendeckende Ganztagsbetreuung für alle!« oder »Rechtsanspruch auf einen Krippenplatz ab Geburt« für mehr anstatt für weniger Arbeit geworben. Während noch in den 60er-Jahren die Möglichkeit, dass Vati am Wochenende zu Hause bleibt, als Zeichen für Fortschritt und als Zugewinn an Freiheit gewertet wurde, werden heute flächendeckende, flexible, »Rund um die Uhr«-Betreuungsangebote zum Inbegriff von Freiheit und Zukunftsorientierung. Es scheint, als habe die Arbeit die Familie in der Prioritätenliste längst abgehängt. Ist ja auch so. Von klein auf bekommen wir Frauen erklärt, dass wir uns selbstverwirklichen müssen, dabei auf unsere innere Stimme hören, was Gescheites lernen und unabhängig sein sollen. Und wem sagt dann seine selbstverwirklichte, unabhängige und emanzipierte innere Stimme noch, dass man den ganzen Tag Windeln wechseln und kochen soll? Ich glaube, davon träumen die wenigsten. Einfach, weil das kein Ansehen hat, kein Prestige bringt und auch wenig Selbstverwirklichungspotenzial beinhaltet. Wenn die Kinder allerdings erst mal da sind, brauchen sie jemanden, der bereit ist, für sie da zu sein, ihnen ein Nest und Wärme zu bieten, sie zu schützen und zu begleiten. Ein unbeliebter Job, der gerne outgesourct wird, allerdings oft zu einem hohen Preis.

Wenn die Rolle der Eltern besser angesehen wäre, wenn sie sich auch über andere Dinge als ihre Erwerbsarbeit definieren könnten und wenn die Gesellschaft ihnen nicht immer einreden würde, es wäre das Beste für die Kinder, möglichst schnell aus den eigenen vier Wänden zu verschwinden, würden sich sicher viele Eltern für mehr Zeit mit den Kindern und gegen eine Aufstockung der Arbeitszeit entscheiden. Und samstags würde Vati dann auch wieder den Kindern gehören so wie damals vor langer Zeit, in den 6oer-Jahren des letzten Jahrhunderts ...

Woher kommt der kleine Tyrann?

Vielleicht haben Sie zu Hause auch so einen kleinen Tyrannen rumsitzen, der alles bestimmen will und seine Eltern rumkommandiert? Jemanden, der will, dass immer das gemacht wird, was er wünscht, und zwar SO-FORT? Kennen Sie das? Und haben Sie sich auch schon mal mit der Frage beschäftigt, wo dieser kleine Tyrann wohl herkommt? Wahrscheinlich nicht, weil Sie denken, der kleine Tyrann komme aus dem Bauch seiner Mutter. Das ist allerdings falsch. Der kleine Tyrann kommt aus der guten alten Zeit. Zumindest wenn man Miriam Gebhardt, die die Geschichte der Erziehung im 20. Jahrhundert untersucht hat, Glauben schenkt (vgl. Gebhardt 2009). Der kleine Tyrann, der da auf Ihrer Couch sitzt, ist also älter, als er aussieht. Genau genommen schon weit über hundert Jahre. Aber wie ist er dann auf Ihre Couch gekommen?

Der kleine Tyrann ist einen weiten Weg gegangen von Generation zu Generation, von Kopf zu Kopf und spukt seitdem durch deutsche Kinderzimmer.

Zu Beginn des Industriezeitalters und mit dem Aufblühen der Wissenschaften entwickelte sich Ende des 19. Jahrhunderts der Glaube, alles beherrschen und kontrollieren zu können. Sogar die Kinder. Man glaubte und glaubt es noch heute, dass man mit Wissenschaft und Forschung alles planen, vorhersagen und optimieren kann. Wenn ich also weiß, wie das Kind im Allgemeinen funktioniert, kann ich seine Entwicklung im Besonderen beeinflussen und lenken. Ich muss nur das Richtige tun, schon bekomme ich das optimale Kind. Also wurde das optimale Kind immer mehr zum Maßstab für die Güte der Eltern. Das Kind ist nicht mehr einfach so, wie es eben ist, sondern es wird von seinen Eltern *gemacht*, möglichst optimal gemacht. Und darum haben gute Eltern auch brave Kinder. Brav = optimal. Nicht der Zufall oder höhere Mächte bestimmen darüber, ob man ein liebes oder ein böses Kind hat, sondern die Eltern machen ihr Kind zu dem, was es ist, und die Wissenschaft erklärt es ihnen.

Besonders Kontrolle und Disziplin standen für alle Lebensbereiche hoch im Kurs: Kinder müssen pünktlich essen, ihre Stillabstände einhalten, nach der Uhr schlafen und ihre Ausscheidungen kontrollieren. Töpfchentraining und Füttern und Schlafen nach der Uhr galten als modern. Mittels »vernünftiger« Methoden, wozu auch die Körperstrafe gehörte, musste man das Kind befähigen, allmählich mit der rauen Umwelt zurechtzukommen. »Das Leben ist hart und daran musst du dich gewöhnen!« Man durfte dem Säugling Reize nur dosiert zumuten, damit er nicht von ihnen überflutet wird, aber er musste auch abgehärtet werden und rechtzeitig lernen, dass das Leben kein Ponyhof ist und dass nicht alles nach seinem Kopf gehen kann. Das Kind muss lernen, seine Triebe zu unterdrücken, sich an einen Rhythmus zu gewöhnen und sich in die Gemeinschaft einzufügen. Die Vorstellung, dass der Mensch ein Teil der Natur sei und dass der Säugling eben genau an die Umwelt, in die er reingeboren wird, doch schon angepasst ist, existierte damals höchstens noch bei Rousseau. Und der war ja schon länger tot.

Aber warum wird das Kind gerade unter der Voraussetzung, dass es »planbar« und sein Verhalten kontrollierbar ist, als tyrannisch wahrgenommen? Eigentlich wird ja eher das Kind terrorisiert, wenn es nur alle 4 Stunden essen darf, nachts sogar 8 Stunden lang nichts bekommt, man es nicht auf den Arm nimmt, es immer gehorsam sein muss und so lange auf dem Topf – manchmal Stunden! – sitzen bleiben muss, bis »was kommt«. Das Kind wird deshalb als tyrannisch wahrgenommen, weil jetzt anhand seines Verhaltens über Scheitern oder Erfolg der elterlichen Erziehungsmaßnahmen geurteilt werden kann. Mit der Zunahme des Wissens über »normale« Entwicklungsverläufe bei Kindern nimmt auch der Normierungsdruck zu. Ein Säugling *muss* bei der Geburt so und so schwer und so und so groß sein. In der X. Woche lächelt ein Kind, mit X Monaten hat es den Kopf zu heben,

es gibt einen richtigen Zeitpunkt fürs Sauberwerden, fürs Sprechen-, und Laufenlernen. Irgendwann muss das Kind Bitte und Danke sagen können, sich gut benehmen, selbstständig essen ... Je mehr die Eltern über jedes Detail in der Entwicklung Bescheid wussten, umso mehr erwartete man, dass sie ihren Kindern mit einem bestimmten Alter bestimmte Verhaltensweisen beibringen und umso mehr stieg der Druck – und das gilt bis heute. Das Kind hat zu funktionieren. Basta.

Wenn das Kind nicht durchschläft oder später laufen lernt, den Brei verweigert oder was auch immer, macht es den Eltern Probleme, es kommt zum Kampf. Denn die Eltern sollen die Norm gegenüber dem Kind durchsetzen. Da Eltern aber individuelle und keine genormten Kinder bekommen und das Gras bekanntlich auch nicht schneller wächst, wenn man dran zieht, kommt es häufig zu Konflikten. Wenn das Kind nicht macht, was die Norm vorgibt, haben die Eltern versagt (und nicht die Normen) und das ist peinlich. »Wie? Hans-Georg läuft noch nicht?« »Also dieses Verhalten würde ich mir nicht bieten lassen!« »Na, ihr habt den aber auch ganz schön verwöhnt.« »So ein verzärteltes Kind!« Solche Sprüche kennt jeder. Dieser Fixierung auf technische Daten und Normen läuft man also ständig über den Weg. In jeder Geburtsanzeige kann man lesen, wie groß und wie schwer das Kind ist, die Eltern messen und wiegen ihre Kinder immer noch vor und nach der Fütterung, tragen alles in Tabellen ein, protokollieren, wann das Kind was kann, lesen Bücher mit Entwicklungstabellen und vermessen die Kindheit. »Es ist noch eine halbe Stunde zu früh für die Mahlzeit, außerdem hat er 23 Minuten später geschlafen als gestern und ist heute komischerweise 43 Gramm leichter als gestern, allerdings hatte er auch schon viermal Stuhlgang, wohingegen er gestern um die gleiche Zeit erst dreimal Stuhlgang hatte.« Aha. Gut, zu wissen.

Wenn die Eltern eine so rationalisierende und kontrollierende Terrorherrschaft über ihre Kinder errichtet haben und jede Lebensäußerung des Kindes beobachten, messen und vergleichen, kommt es ganz automatisch irgendwann dazu, dass das Kind irgendwelche Normen *nicht* erfüllt. Sei es, weil es das entgegen der Norm noch nicht kann, oder schlimmer noch, weil

es das nicht *will*! Und dieser Regelbruch erscheint dann als unerhört. Das ist Meuterei, Umsturz, Machtübernahme! Hilfe, der Terrorist nimmt das Heft in die Hand und will auch mal bestimmen, wo es langgeht. Und das, obwohl sich die Eltern dermaßen engagiert und ins Zeug gelegt haben. Sie haben sich aufgeopfert und ihr ganzes Leben an der perfekten Kindererziehung orientiert. Und das ist der Dank? Der Tyrann muss gestürzt werden!

Es ist eben ein Unterschied, ob man annimmt, das Kind reift wie ein Apfel am Baum und irgendwann wird das schon alles, oder ob man denkt, das Kind sei das Werk seiner Eltern. Auch wenn sich nicht leugnen lässt, dass an beiden Sichtweisen etwas Wahres dran ist, ist die Letztere einfach stressiger für alle Beteiligten. Und es ist ja nicht so, dass das eine stimmt und das andere nicht. Es ist abhängig vom gesellschaftlichen Klima, welche Sichtweise bevorzugt wird. Hinzu kommt noch, dass Eltern mit der Zeit immer weniger Kinder bekamen. Wenn man fünf gut geratene Kinder hatte und eins aus der Reihe schlug, dann sagt man sich halt: Na ja, was soll's? Zumindest muss man nicht total an seinem elterlichen Selbstbild zweifeln und in die Depression abrutschen. Wenn man aber nur ein Kind oder vielleicht zwei hat und die noch nicht mal perfekt sind, dann kann einen das schon ganz schön aus der Bahn werfen. Zumal man sich wegen dieser ganzen Normen, die man erfüllen, und des ganzen Wissens über Kindererziehung, das man sich aneignen muss, quasi ununterbrochen im Kampfmodus befindet. Während man also eigentlich immer mehr davon abrückt, seinen eigenen Augen zu trauen, und die Bedürfnisse, die das Kind zeigt, immer weniger direkt wahrgenommen werden, rückt das Kind paradoxerweise immer mehr in den Mittelpunkt.

Zu Zeiten der Naziherrschaft kam noch eine ideologische Verklärung der Mutterschaft hinzu. »Schenkt Hitler ein Kind!«, so lautete die Parole. Die Mutter trug mit ihrem perfekt geratenen Kind nicht nur zum eigenen Glück oder dem Glück der Familie bei, sondern zur Volksgesundheit. Mütterschulungskurse und die entsprechende Ratgeberliteratur trugen das Ihrige dazu bei. Ein Ratgeber von damals hielt sich besonders lange und verkaufte sich auch enorm gut. Das war »Die deutsche Mutter und ihr erstes Kind« von

Johanna Haarer. Das Buch verkaufte sich bis zum Jahr 1987, also weit über die NS-Zeit hinaus, über 1,2 Millionen Mal (vgl. Gebhardt 2009, S. 85). Die darin vertretenen Erziehungspraktiken haben sich in den Köpfen bis heute gehalten. Haarer spricht immer wieder vom kleinen Tyrannen, rät zu regelmäßigen Stillabständen und zum Alleineschlafen. Sie warnt davor, das Kind zu verwöhnen und zu verzärteln, rät von übermäßigem Trösten ab und ist dafür, das Kind abzuhärten. Das Kind muss lernen, sich in eine Gemeinschaft einzufügen, es muss Ordnung und Disziplin lernen. Damit steht Haarer ganz allgemein in der Tradition ihrer Zeit. Erschreckend ist nur, dass in der modernen Ratgeberliteratur schockierend viele Parallelen zu ihrem Buch zu finden sind. Daran sieht man, dass der Tyrann in den Köpfen weiter fortbesteht, auch wenn sich seit den 70er-Jahren eine neue Entwicklung abzeichnet (vgl. Gebhardt 2009, S. 177–182).

Man hatte in den 70er-Jahren durch immer differenziertere Methoden der Säuglingsforschung erkannt, dass der Säugling, o Wunder, tatsächlich schon in der Lage ist, zu kommunizieren, auf seine Umwelt zu reagieren und diese mitzugestalten. Was schon etwas merkwürdig ist, denn wenn man ein Baby hat, hätte einem doch eigentlich auffallen müssen, dass das auch kommuniziert und auf seine Umwelt reagiert. Aber anscheinend braucht man die Wissenschaft, die einem sagt, dass man seinen eigenen Augen trauen darf. Auf jeden Fall konnten die Säuglinge in den 70er-Jahren ihre Umwelt mitgestalten, waren eigenständige Persönlichkeiten, und man erkannte, dass das Kind eine Bindung zu seiner Mutter aufbaut und diese auch braucht. Das führte insofern zu einem Wandel, als einige Eltern sich von den rigiden Vorgaben ihrer Vorfahren abwandten und ihre Säuglinge nach Bedarf stillten, sie auf den Arm nahmen usw. Allerdings hat das keineswegs den Druck von den Eltern genommen. Denn das machbare Kind steht weiterhin im Raum. Nur hat man jetzt festgestellt, dass die eigenen Erziehungserfahrungen den Umgang mit dem Kind beeinflussen, dass die Qualität der Mutter-Kind-Beziehung entscheidend ist, dass man auf keinen Fall eigene unverarbeitete Sachen auf das Kind projizieren darf usw. Seitdem müssen sich Eltern ständig hinterfragen und reflektieren. Wo vorher feste Normen und Regeln den Eltern Sicherheit darüber gaben, wie sie ihre Kinder am besten terrorisieren konnten, haben sie heute die freie Wahl. Eltern müssen selbst entscheiden, ob sie ihr Kind mit psychoanalytischen Interpretationen, mit Holzspielzeug und Bioessen traktieren oder ob sie dafür lieber Entwicklungstabellen, Stoppuhren und Frühenglisch zur Hand nehmen. Hinzu kommt, dass das Kind heute nicht mehr nur lernen soll, gegen die raue Umwelt anzukommen und in ihr zu bestehen, sondern es soll lernen, seine Umwelt und seinen Lebensweg zu gestalten. Es soll seine eigene Persönlichkeit entfalten und seinen Weg gehen. Dazu müssen die Eltern das Kind natürlich genauestens unter die Lupe nehmen, damit sie ja nicht verpassen, ein verborgenes Talent zu fördern oder zum individuell richtigen Zeitpunkt genau die individuell richtige Erziehungsmaßnahme zu treffen. Da ist man schnell verunsichert und fragt sich, was man denn nun machen soll? Bei so viel Verantwortung und »Bloß-nichts-falsch-machen-Dürfen«! Und wie wichtig sind dabei gerade die ersten Jahre! Da sehnt man sich fast schon wieder nach dem Stillen nach der Uhr. Da wusste man wenigstens, warum das Kind außer Rand und Band geriet. Da hatte man es vielleicht einmal zu viel aus dem Bettchen aufgenommen, es getragen oder zu oft gestillt und sich so einen Tyrannen rangezüchtet. Heute weiß man ja nicht einmal mehr, wie es so weit kommen konnte. Ist mein Kind so aggressiv, weil ich einen unverarbeiteten Ödipuskonflikt habe, weil ich ihm mit vier Jahren gesagt habe, dass es doch langsam mal keine Windel mehr braucht, oder sind es doch die Konservierungsstoffe in den Lebensmitteln? Das ist alles etwas verwirrend, und da ist es auch kein Wunder, wenn man sich nach der guten alten Zeit sehnt. Oder dass man sich doch zumindest wünscht, es käme mal einer vorbei, der den Eltern und ihren außer Rand und Band geratenen Gören mal sagt, wo der Bettel hängt.

Dieser kleine Streifzug durch die Geschichte kann das manchmal nervige Verhalten unserer Kinder zwar auch nicht ändern, aber immerhin kann er zu der Erkenntnis beitragen, dass der kleine Tyrann auf Ihrer Couch kein realer Tyrann, sondern ein soziales Konstrukt ist. Wenn demnächst mal wieder ob der Verweigerung einer Süßigkeit lautes Geschrei an der Super-

marktkasse ertönt oder jemand Sie als kackapupsdoof beschimpft und nach Ihnen haut und tritt, weil Sie sich erlaubt haben, den falschen Schuh zuerst anzuziehen, seien Sie beruhigt. Was da so ein Theater macht, ist nicht Ihr tyrannisches, missratenes und schlecht erzogenes Kind, sondern ein soziales Konstrukt, das Anfang des 20. Jahrhunderts entstanden ist, in der NS-Zeit gefestigt wurde und noch immer in Ihrem Kopf rumspukt. Und dafür sind wir Eltern ja wirklich nicht verantwortlich, oder gibt es hier einen, der behauptet, dass ich irgendwas mit der NS-Zeit zu tun hätte, nur weil mein Kind lautstark verkündet, dass es verärgert darüber ist, dass es kein Überraschungsei bekommt? Nö, oder? Also mache ich mir erst mal keinen Stress.

Nur das Beste

Also gut, man kommt wohl nicht drum herum. Irgendwie muss man sein Kind erziehen, es vielleicht sogar bilden ... Aber auf jeden Fall irgendwie den Tag rumkriegen. Und da kann man ja auch gleich was Sinnvolles machen. Von wegen pädagogisch wertvolle Freizeitgestaltung und so. Aber was kann man da so tun? Eins steht schon mal fest: Es sollte das Beste sein. Was will man sonst, wenn nicht das Beste für seine Kinder? Und da kommt einem doch gleich das Thema frühe Bildung in den Sinn. Also schnappe ich mir ein Kursprogramm und suche mir einfach das Beste raus. Somit müsste die Zukunft unseres Sohnes fürs Erste zu retten sein. O.K. Das Beste ... Ich gebe zu. Damit ist die Latte schon mal recht hoch gelegt, aber da sollte sich doch was finden lassen. Also was gibt's denn da so? »PEKIP« – das haben wir schon abgehakt. Also was noch? »Hören-Sehen-Fühlen-Sichbewegen.« Hm, hört sich nach einer Rundum-Sinnesschulung an. Sehr gut. Das machen wir montags. »Schwimmen«. Auch wichtig ... »Forscherwerkstatt«, »Mit Kindern neugierig sein«, klar, das ist die Abteilung Wissenschaft. Da kann man auch nicht früh genug anfangen. Also anmelden. Dann gibt's noch »Jahreszeiten erleben«, »Kinderbauernhof«, »Den Bach erleben«, »Ökologie«. Ökologie?! Ein Kurs für Zwei- bis Dreijährige in Ökologie? Na ja, aber auf jeden Fall ist dieser ganze naturpädagogische Bereich bestimmt auch total wichtig. Davon machen wir auf jeden Fall auch was. Und dann? Was gibt's noch? Ach so! Musikalische Früherziehung darf ich nicht vergessen. Auch wichtig. »Auf der Suche nach einem Baumfreund.« Hä? Baumfreund? Die Kinder sollen sich im Wald einen Baum aussuchen und sich mit ihm anfreunden? Das schenke ich mir mal fürs Erste. Wobei ... für spirituelle Themen sind die Kleinen ja besonders

empfänglich ... Aber erst mal weitergucken. Ah! Sprachförderung! »Früh-englisch« Da müssen wir hin! Und »Mandarin für Kinder«? »Spielen auf Polnisch«? Nee, aber da ist ja noch was für uns. »Sprachförderung für zwei- und mehrsprachige Kinder«. Unser Sohn wächst ja zweisprachig auf. Wenn wir jetzt noch mit Englisch und Mandarin anfangen, sogar quasi viersprachig. Klar, dann müssen wir am Deutsch auch ein bisschen arbei-ten. Also melde ich ihn mal an. Schadet ja nichts. O.K. Jetzt ist die Woche schon ganz schön voll. Aber im Kreativbereich habe ich noch nichts belegt. Und man will ja nichts verpassen. Also machen wir noch »Papier, Farbe und Co«. Sehr schön. Jetzt sollten erst mal die wichtigsten Förderbereiche abgedeckt sein. Gut. Zeitlich wird es jetzt etwas eng bei uns. Aber man tut halt, was man kann. Und ich habe auch nur das Beste rausgesucht. Dass das Beste auch mit dem, was innerhalb einer Woche überhaupt möglich ist, zusammenhängt, ist schließlich nicht meine Schuld. Und dass man, um dieses Pensum zu schaffen, halt ein bisschen Gas geben muss, ist ja klar. Aber es handelt sich ja schließlich um eine Investition in die Zukunft. Darum unterbrechen wir das Mittagsschläfchen an drei Tagen in der Wo-che frühzeitig. Sonst schaffen wir es einfach nicht zu den Kursen. An den anderen Tagen liegen die Kurse jedoch glücklicherweise günstiger. Und dennoch ist es auch da nicht gerade stressfrei, pünktlich anzukommen. Also packe ich regelmäßig ein übel gelauntes, müdes Kind ins Auto und flitze zu den Kursen. Gut, bis wir da sind, liegen die Nerven aller Beteilig-ten blank. Aber wenn wir erst mal da sind, gefällt es ihm irgendwie doch. Und lernen tut er ja auch was. Hoffe ich. Mir gefällt es, sagen wir mal, mäßig und ich schwanke immer zwischen totaler Langeweile und Stres-sattacke. Aber was muss, das muss.

Nachdem unser Sohn allerdings immer deutlicher zeigt, dass er eigent-lich am liebsten in Ruhe zu Hause oder auf dem Spielplatz spielen will, fange ich dann an, mich doch zu fragen, was ich da eigentlich tue. Am liebsten würde er jeden Tag auf den gleichen Spielplatz gehen und dort immer wieder die gleichen Spiele spielen. Die vielen unterschiedlichen An-gebote scheinen keine besondere Bedeutung für ihn zu haben. Und ehrlich gesagt, wenn man mal ein bisschen über den Tellerrand hinausschaut, scheint es auch für den überwiegenden Teil der Menschheit möglich zu sein, seine Kinder ohne ein solch ausgefeiltes Kurssystem zu lebensfähigen Erwachsenen heranzuziehen. Es scheint fast, als gäbe es wichtigere Dinge im Leben eines kleinen Kindes als frühe Bildung. Aber was kann das sein? Auf jeden Fall bin ich froh, dass ich mich jetzt gezwungen sehe, alle Kurse abzusagen, da es offensichtlich geworden ist, dass wir beide keinen Bock darauf haben. Das Beste war das wohl doch noch nicht. Während ich weiterhin auf der Suche nach dem Besten für meinen Sohn bin, muss er sich damit begnügen, dass ich mit ihm im Sandkasten sitze, Schnecken beobachte und ihn wunderbar finde.

Bindung vor Bildung

Die vielen verschiedenen Kurse und Aktivitäten, die für kleine Kinder angeboten werden, haben insofern ihre Berechtigung, als Eltern in diesen Kursen die Möglichkeit bekommen, sich auszutauschen und Netzwerke zu knüpfen. Für die Bildung und Entwicklung der Kinder sind sie weitaus weniger wichtig. Kleine Kinder brauchen zwar ein anregungsreiches Umfeld, um sich entwickeln zu können, zu diesem anregungsreichen Umfeld gehören aber in erster Linie Bezugspersonen, zu denen das Kind eine sichere Bindung aufbauen kann und die das Kind für die Welt, in der es lebt, begeistern. Begeisterung wird dann geweckt, wenn man an die Erfahrungen und die Lebenswelt des Kindes anknüpft, wenn die Bezugsperson die Regungen des Kindes aufgreift und ihm seine Erfahrungen spiegelt. Eine intensive Zuwendung und ein ruhiger, in dem Tempo des Kindes verbrachter Nachmittag im Sandkasten sind für die kindliche Entwicklung deshalb auch weitaus wichtiger, als eine Stunde beim Frühenglisch. Um Bedeutsamkeit zu erleben und Motivation zu entwickeln, brauchen Kinder gute, verbindliche Beziehungen. Selbst bei älteren Kindern muss zunächst die Beziehungsebene stimmen, bevor sie in der Lage sind, sich auf Bildungsinhalte einzulassen. Bei kleinen Kindern aber kann ein zu frühes von versteckten Förderabsichten geleitetes Spielen sogar zu Irritationen in der Beziehung führen. Die Bezugsperson reagiert nicht mehr spontan auf die Äußerungen des Kindes und gibt ihm nicht das Gefühl, in seinen Regungen und Wahrnehmungen bestätigt und gespiegelt zu werden, sondern tritt einen Schritt zurück und lenkt das Geschehen von Außerhalb. Die Beziehung wird dann vom Kind nicht mehr als stimmig erlebt. Kinder sind aber für ihre Identitätsentwicklung auf eine stimmige und spiegelnde Bezugsperson angewiesen und erst daraus entwickelt sich die Fähigkeit, sich für die Welt zu begeistern. Darum sollte immer gelten: Bindung vor Bildung!

Für 4,95 € die Trotzphase beenden

Ich habe neulich etwas gefunden, das muss bekannt gemacht werden. Unzählige Eltern quälen sich durch die Trotzphase ihrer Kinder, geben Unmengen Geld für Ratgeber aus und leiden Höllenqualen. Aber damit soll jetzt Schluss sein. Und zwar für nur 4,95 €. Verrückt, aber wahr. Es gibt ein Spray, das Folgendes verspricht:

»Wenn sich Kinder (und/oder Jugendliche) ohne Vorwarnung auf den Boden fallen lassen und anfangen, wild schreiend um sich zu schlagen, dann ist es so weit – die Trotzphase hat zugeschlagen. Aber keine Panik: Sobald sich oben genannte Symptome zeigen, Trotzphasen-Spray zücken, einmal kräftig sprühen, und sofort beruhigen sich die Gemüter. Der natürliche Lavendelduft des Trotzphasen-Sprays sorgt für sofortige Besänftigung. Auch zur Prävention von spontanen Wutanfällen und Zornausbrüchen wirkt das Trotzphasen-Spray wahre Wunder. Der frische Duft im Raum verteilt, vertreibt schnell und wirksam Wutmonster und Motzbären aus dem Kinderbauch. Trotzphasen-Spray macht kleine, freche Rotznasen im Nu zu lieben Kuschelhasen!« (vgl.: Trotzphasen-Spray der Marke Liebeskummerpillen.) Hätte ich das mal früher gewusst. Aber jetzt bin ich ja gerüstet. Beim nächsten Streit an der Supermarktkasse zücke ich mein Spray, besprühe mein Kind und schon habe ich wieder einen lieben Kuschelhasen. Oje. Aber mal im Ernst. Was soll das denn bitte sein? Als ob die Trotzreaktionen kleiner Kinder krankhaft seien und man die »Symptome« mit einem Spray behandeln müsse. Stellen Sie sich mal vor: Sie streiten sich mit Ihrem Partner, sind total außer sich, fühlen sich ungerecht behandelt und nicht verstanden, und in diesem Moment holt der ein Spray raus und besprüht Sie, weil er denkt, so könnte er Sie beruhigen. Wäre doch ziemlich merk-

würdig. Für Kinder ist das aber eine süße und lustige Idee. Und wenn's auch noch hilft ...

Während dieses Spray ja noch absolut harmlos ist, nimmt der Reparaturwahn gegenüber unseren Kindern manchmal erschreckende Ausmaße an. Der Zappelphilipp bekommt eine Pille zum Stillsitzen, der Miesepeter eine für den Frohsinn, die Nachteule eine zum Schlafen, der Papa bekommt ein Bier zum Entspannen und die Mama bekommt sowieso alles, was es gibt, damit sie immer rund um die Uhr funktioniert. So wird immer mehr normales Verhalten als krankhaft und heilungsbedürftig angesehen. Wer nicht funktioniert, muss repariert werden. Allerdings werden dabei die Konflikte auch vertuscht und verniedlicht. Der Arbeitnehmer hat halt ein Burnout und nicht etwa ernst zu nehmende Schwierigkeiten mit seinen Arbeitsbedingungen und seiner Lebenssituation. Anstatt an bestimmten Lebenssituationen zu verzweifeln oder um etwas zu trauern, hat man eine depressive Verstimmung, und genauso sieht man auch nicht die Verzweiflung und die Wut, die das Kind in einem »Trotzanfall« erlebt, sondern sagt sich, es trotzt halt. Das ist halt so eine Phase.

Natürlich hat die ausgeprägte Bereitschaft zu »trotzen« etwas mit den Entwicklungsschritten, die ein Kind durchmacht, zu tun. Mit 50 stellen Sie sich nicht mehr in den Supermarkt und schreien, hauen und beißen, weil Sie kein Überraschungsei bekommen. Da kaufen Sie sich einfach selbst eins. Oder Sie entscheiden sich für den Verzicht. Beides können kleine Kinder noch nicht wirklich. In der sogenannten Trotzphase entwickeln sie immer mehr Fähigkeiten, werden selbstständiger und machen immer häufiger die Erfahrung, dass sich ihre Wünsche und Vorstellungen von denen anderer unterscheiden. Wo die Kinder zuvor noch nicht in der Lage sind, nämlich eine andere Position wahrzunehmen, lernen sie das langsam. Kleine Kinder können sich zum Beispiel nicht vorstellen, dass eine Person, die eine Szene aus einer anderen Perspektive betrachtet, nicht das Gleiche sieht, wie sie selbst. Sie gehen davon aus, dass alle genau das sehen, fühlen und hören, was sie auch wahrnehmen. Erst langsam geht ihnen auf, dass das nicht der Fall ist. »Ah, Mama möchte schnell los und ich möchte hier noch rumklettern.« Es gibt einen Konflikt. Um diesen Konflikt auf einer reifen Ebene zu lösen, fehlen den Kindern noch die Kompetenzen. Deshalb müssen sie manchmal ausrasten. Außerdem entwickeln sie immer mehr Fähigkeiten, können und wollen vieles »selber machen« und stoßen dabei an ihre Grenzen. Vielleicht überschätzen sie sich, die Eltern lassen etwas nicht zu oder werden ungeduldig oder was auch immer. Dann müssen die Kinder gegebenenfalls wieder ausrasten. Was sollen sie auch tun? Für die Kinder ist das aber keine automatisch erfolgende Abfolge von altersbedingten Trotzreaktionen, sondern jeder einzelne Streit ist für sie ein ernst zu nehmender Konflikt, bei dem sie sich wünschen, dass ihre Bedürfnisse gesehen und verstanden werden. Sie mit Trotzphasen-Spray einzusprühen ist da vielleicht nicht gerade die beste Lösung. Zumal es wahrscheinlich auch wenig helfen wird. Da müssten Sie schon einen Eimer kaltes Wasser nehmen. Aber das machen Sie besser nur in Ihrer Fantasie ...

Punkt zwölf wird gegessen

Eltern scheinen besessen zu sein. Oder besser gesagt: Eltern *sind* besessen, und zwar von so einigem. In erster Linie natürlich von ihren Kindern. Aber auch sonst sind Eltern von so einigem besessen. Besonders besessen sind sie von festen Glaubenssätzen. Eltern lieben Glaubenssätze und ketten sich mit Begeisterung daran. Ein beliebter Glaubenssatz ist zum Beispiel: »Kinder brauchen feste Zeiten.« Selbst Eltern, die vor der Geburt ihrer Kinder ein weitestgehend chaotisches Leben führten, sind spätestens nach der Geburt besessen von festen Zeiten und funktionieren quasi wie ein Uhrwerk. Während sie zuvor ihre Schlafenszeiten an Abgabefristen, dem Fernsehprogramm oder der Qualität der Abendveranstaltung ausgerichtet haben und die Essenszeiten davon abhängig waren, ob man gerade hungrig war oder nicht, richtet man sich mit Kind ganz selbstverständlich nach der Uhr. Die Uhr gewinnt eine nahezu religiös anmutende Autorität über das Familienleben. Das fängt direkt in den ersten Tagen nach der Geburt an und wird mit zunehmendem Alter des Kindes immer weiter perfektioniert. Während Eltern von Babys sich ständig fragen, wie lange die letzte Stillmahlzeit zurückliegt und wie lange das Kind schon wach ist, entwickeln Eltern älterer Kinder einen minutiös durchgeplanten Tages- und Wochenplan für ihre Kleinen. Um 7:00 Uhr aufstehen, um 12:00 Uhr Mittagessen, um 14:00 Uhr schlafen, um 16:00 Uhr Zwischenmahlzeit, um 18:00 Abendbrot, um 20:00 Uhr ins Bett ... Die Zeiten und Aktivität sind dabei weitestgehend beliebig und austauschbar. Wenn aber erst mal ein Rhythmus etabliert wurde, muss dieser genauestens eingehalten werden. Schließlich brauchen Kinder feste Zeiten. Aber warum eigentlich? Warum muss ein Kind immer genau zur selben Uhrzeit essen und immer pünktlich schlafen? In erster Linie natürlich deshalb, um den Eltern das Leben mit Kind noch ein wenig zu erschweren und natürlich auch, um dem Kind das Leben nicht zu leicht zu machen. Wenn man sich mit Freunden trifft, auf ein Familienfest geht oder verreist, können sich Eltern mit ihrem festen Plan das Leben zur Hölle machen. Wenn das Kind gerade mal keinen Hunger hat oder doch mal außerplanmäßig hungrig wird oder wenn es trotz der entsprechenden Uhrzeit nicht müde ist, wird es auch für das Kind anstrengend. Wenn Sie sich also nicht ausgelastet fühlen und ein schlechtes Gewissen haben, weil Sie trotz Ihrer Elternschaft noch nicht am Burnout leiden, setzen Sie am besten einen beliebten Ratschlag aus der Elternratgeberliteratur um: Führen Sie Protokoll darüber, wann Ihr Kind schläft, isst, aufs Klo geht, sich bewegt, pupst oder was auch immer tut, und erstellen Sie dann, nach der Bestandsaufnahme, einen optimierten Tagesplan und halten Sie sich genauestens daran.

Komischerweise erscheint es Eltern so selbstverständlich, dass der Körper des Kindes einer gewissen Disziplin unterzogen werden müsse, dass kaum jemand den Glaubenssatz »Kinder brauchen feste Zeiten« hinterfragt. Aber, wie Herbert Renz-Polster, der die Kindererziehung aus biologisch-evolutionärer Sicht untersucht, nachvollziehbar bemerkt, ist es zumindest aus evolutionärer Sicht nicht logisch anzunehmen, dass Kinder feste Zeiten wirklich brauchen. Wären Kinder darauf angewiesen, immer zur gleichen Uhrzeit zu essen und zu schlafen, wären wir längst ausgestorben. Eine solche Erziehung ist nämlich nur unter den Bedingungen unserer industrialisierten und technisierten Gesellschaft möglich. Alle anderen essen, wenn es was gibt, und schlafen, wenn es dunkel ist oder sie müde sind. (vgl. Renz-Polster 2011). Das ist ja auch sinnvoll. Selbst kleine Kinder haben das evolutionäre Modell schon begriffen. Fragen Sie mal ein Kleinkind, das schon sprechen, aber noch nicht die Uhr lesen kann, wann man essen muss. Es wird mit Sicherheit sagen: »Wenn man Hunger hat.« Und wann muss man schlafen? »Wenn man müde ist.« Ah, logisch. Allerdings nicht, wenn man die Uhr lesen kann. Dann schläft man um 8 und isst um 12. Logisch?

Renz-Polster ist allerdings nicht der Erste, der auf die Idee gekommen ist, dass eine solche Disziplinierung des Körpers nicht unbedingt naturgegeben ist. Für Michel Foucault beispielsweise ist der disziplinierte Körper Teil des Machtmechanismus, den er Disziplinarmacht nennt. Ganz grob gesagt, behauptet er, dass sich im Zuge der industriellen Revolution ein neuer Machtmechanismus etabliert hat. Dieser Machtmechanismus funktioniert, indem er disziplinierte Körper erschafft. Das bedeutet, dass das Individuum die zunächst von außen auferlegten Normen übernimmt und derart verinnerlicht, dass man sagen kann, sie haben sich in seinen Körper eingeschrieben. Er beschreibt einen solchen Mechanismus am Beispiel des Panoptikums. Das ist ein Gefängnis, in dem die Zellen der Gefangenen kreisförmig um einen Innenhof angeordnet sind. In der Mitte des Innenhofes steht ein Turm, von dem aus die Aufseher jederzeit jeden Gefangenen beobachten können. Die Gefangenen allerdings können nicht erkennen, ob in dem Turm ein Aufseher sitzt und sie beobachtet oder nicht. Deshalb wird der Aufseher mit der Zeit überflüssig. Da die Gefangenen sich der ständigen Überwachung ausgesetzt wähnen, werden sie zu ihren eigenen Überwachern und überwachen die Einhaltung der Normen selbst. Neben Gefängnissen bezeichnet Foucault auch Schulen, Krankenhäuser und das Militär als Disziplinaranstalten, die zur Normalisierung der Gesellschaft beitragen. Überall, wo ein zeitlicher Rhythmus, vorgegebene Bewegungsabläufe oder eine räumliche Begrenzung den Körper des Individuums unterwerfen, wirkt die Disziplinarmacht. Um den »[...] Körper effektiv ökonomisch zu nutzen, sollte er nicht nur produktiv, sondern immer auch unterworfen sein. Zu diesem Zweck werden die Disziplinen eingesetzt. Dies sind Technologien, die durch Strukturierung und Konformisierung von Körperverhalten bestimmte Verhaltensweisen und Individualtypen erzeugen« (Pfleger 2013). Diese Form von Macht greift auf immer weitere Bereiche des täglichen Lebens über und führt zu deren Normalisierung. Nun behauptet Foucault, dass es sich noch zeigen wird, inwieweit sich die innerfamiliären Beziehungen, vor allem in der Zelle Eltern/Kinder, diszipliniert haben, indem sie äußere Modelle (beispielsweise schulische, ärztliche oder militärische) übernommen haben. Inzwischen kann man mit Fug und Recht behaupten, dass die innerfamiliären Beziehungen sich recht gut diszipliniert haben. Wahrscheinlich setzen wir Eltern doch häufiger den Normalisierungsauftrag der Gesellschaft um, als uns an den Bedürfnissen unserer Kinder zu orientieren, wenn wir auf feste Zeiten, bestimmte Gesten und Haltungen oder Ähnlichem bestehen. Vielleicht haben wir auch schon den Blick der »Aufseher« dermaßen verinnerlicht, dass wir zu unseren eigenen Aufsehern geworden sind. Nur sind die Aufseher, die über die Kindererziehung wachen, nicht die Gefängniswärter, sondern die Ratgeberliteratur, die Medien und die Experten, die jede Lebensäußerung des Kindes optimieren und normalisieren wollen. Während die industrielle Produktionsweise und die strategische Kriegsführung früher auf berechenbare, disziplinierte Menschen angewiesen waren, um produktiv zu sein, ist heute das Bedürfnis nach Berechenbarkeit bis in die Familie eingedrungen. Familien »brauchen« berechenbare Babys und Kleinkinder, um produktiv sein zu können. Spontane Lebensäußerungen stören den Produktionsablauf. Schlafen, Aufstehen, Kindergarten, Schule, Arbeit, Essen, Freizeit ... Alles ist minutiös durchgeplant. Wenn da mal einer aus der Reihe tanzt und nicht schlafen will oder rumtrödelt, ist der Stress vorprogrammiert. Aber auch die kleinen Menschen müssen sich disziplinieren, normalisieren und optimieren, um später einmal produktiv zu sein. Und das ist gut so. Denn zukünftige produktive Menschen sind toll. Die sichern meine Rente. Also an die Arbeit, es ist Zeit fürs Abendessen!

Regelmäßigkeit macht das Leben überschaubar

Auch wenn es natürlich Quatsch ist, anzunehmen, der kindliche Körper müsse wie eine Maschine funktionieren und stets pünktlich wie ein Uhrwerk sein, ist eine gewisse Regelmäßigkeit für die kindliche Entwicklung dennoch wichtig. Das kommt in dem Ausspruch »Kinder brauchen Rituale« zum Ausdruck. Bei einer gewissen Regelmäßigkeit können Kinder die Ereignisse innerlich vorwegnehmen und das gibt

ihnen ein Gefühl der Kontrolle über das eigene Leben. Erst wird der Schlafanzug angezogen, dann die Zähne geputzt und ein Buch gelesen. Solche Abläufe spielen sich in den meisten Familien von selbst ein und sind wichtig. So wissen die Kinder, was passiert, und fühlen sich den Ereignissen nicht hilflos ausgesetzt. Ein allzu chaotischer Lebensstil macht es den Kindern schwer, die Ereignisse vorauszusehen und mitzugestalten. Nur wenn das Kind gewisse Abläufe kennt, kann es selbst die Initiative ergreifen und den Ablauf beeinflussen. So kann es ein Gefühl von Selbstwirksamkeit entwickeln und sieht sich nicht dem Strom des Lebens hilflos ausgeliefert. Dafür braucht man allerdings keine Stoppuhr und auch keine Protokolle. Im Gegenteil. Gerade an Tagen, die man entspannt angeht und an denen man nicht die Uhr im Nacken hat, entwickeln sich solche bedeutsamen Rituale. Denken Sie an Urlaube, an denen die Tage in einer ruhigen Gleichmäßigkeit vor sich hin plätschern, oder an das sonntägliche Frühstück ... Für Kinder und für das Familienklima ganz allgemein ist es wichtig, solche Rituale zu feiern und nicht der Uhr oder einem künstlich auferlegten Rhythmus nachzurennen. Zelebrieren Sie das Insbettbringen, das Frühstücken oder die Mittagspause und bauen Sie solche Zeiten der Muße bewusst in Ihren Tagesablauf ein, anstatt irgendwelchen Erziehungszielen nachzueifern. Die Welt ist schon stressig genug.

Hilf mir!

»Wie!? Früher gab es keine Schwimmkurse!?«, schreit die Tochter einer Freundin ihre Mutter entsetzt an. »Wie hast du denn dann schwimmen gelernt?!« Tja, verrückt, aber wahr. Wir haben es von unseren Eltern, von älteren Kindern oder manchmal sogar gar nicht gelernt. Und trotzdem sind wir groß geworden und stehen mitten im Leben und kommen mehr oder minder zurecht. Wir haben uns sogar bewegen gelernt ohne PEKIP, Like-a-Bike oder Rennrad – und sogar ohne Helm, aber das darf mein Sohn nie erfahren. Wir haben im Wald und am Bach gespielt, ohne Naturpädagogik, und wir haben sogar ohne Sprachförderung sprechen gelernt. Komisch. Unsere Eltern mussten unglaublich kompetent gewesen sein. Stellen Sie sich das mal vor: Es gab früher wirklich Leute, die mit ihren Kindern ins Schwimmbad gegangen sind und mit ihnen Wassergewöhnung und Kleinkindschwimmen ohne pädagogische Anleitung gemacht haben. Und diese Kinder sind längst nicht alle zu verkorksten Erwachsenen herangewachsen. Aber haben wir auch die richtige Technik gelernt? Ohne Sprachförderung haben wir vielleicht sprechen gelernt, aber können Sie Mandarin? Da sieht man's. Da lasse ich mir doch lieber helfen mit meinem Kind. Es gibt halt Leute, die können das besser. Es geht ja nicht darum, das Kind irgendwie groß zu kriegen, sondern es soll sich optimal entwickeln und sein volles Potenzial ausschöpfen. Also spiele ich mit ihm unter Anleitung in der Krabbelgruppe, lasse es von Experten betreuen, frage den Arzt, was ich kochen soll, und lese nach, was ich wann zu ihm wann sagen darf. Bei der Fülle von Wissen und den vielen unterschiedlichen Möglichkeiten, ein Kind zu erziehen, wäre das auch alleine gar nicht zu schaffen. Gut, dass es Experten gibt. So, und was koche ich jetzt? Schwere Entscheidung. Erst mal

muss ich die Nährwerte des Frühstücks berechnen lassen, um dann anhand des Nährwertbedarfs eines Kleinkindes die optimale Nahrungsauswahl zu treffen. Mist, heute wäre es Brokkoli. Den mag er nicht. Wie kann ich ihn nur daran gewöhnen? Das muss ich erst mal nachlesen ...

Keine Panik

Haben Sie schon mal die Zeitung gelesen? Oder Fernsehen gesehen? Dann wissen Sie sicher, dass es um die Jugend schlecht bestellt ist. Kinder und Jugendliche sind dick, unselbstständig, undiszipliniert, zu unfähig und dumm, um eine Lehre anzutreten, depressiv und aggressiv. Und nicht nur das: Es gibt auch noch zu wenig davon. Alles in allem kein Grund zu Optimismus. Dass die Rente sicher ist, wird wohl keiner mehr behaupten. Da hätten die Eltern mal besser achtgeben sollen. Aber das ist leichter gesagt, als getan. Die einen vernachlässigen ihre Kinder und lassen sie in bildungsfernen Milieus aufwachsen, die anderen überbehüten ihre Kinder und schwirren als Helikopter-Eltern um ihren Nachwuchs herum. Die einen machen zu viel Druck mit ihrem Förderwahn und die anderen verpassen wichtige Entwicklungsfenster. Außerdem ist der Bildungsnotstand ausgebrochen und die Kinder leiden immer häufiger an Wohlstandserkrankungen. Zudem sind sie fernseh- und computersüchtig, können kaum noch lesen und sind total unsozial. So, und da soll man ruhig bleiben? Wo unsere Kinder in einer derartigen Gefahr schweben? Nein! Wir müssen unser Bestes für den Nachwuchs tun! Wir müssen alles geben und das ist noch nicht genug! Schnell, rettet die Jugend und somit die Welt. Diese Menschen sollen mich mal im Altersheim pflegen? Hilfe! Wie soll das alles enden! Ich bekomme eine Panikattacke! O.K. Ganz ruhig. Erst mal tief durchatmen, bevor ich zum Förderplan greife. Ist es wirklich so schlecht um unsere Kinder bestellt? Immerhin wachsen die meisten Kinder in Deutschland ohne Hunger, mit einem Dach über dem Kopf, ohne von Krieg oder Naturkatastrophen bedroht zu sein und sogar ohne elterliche Gewalt auf. Es gibt eine flächendeckende Gesundheitsvorsorge, Schulpflicht für alle und fließendes Wasser. Die Säuglingssterblichkeit ist gering und die Bevölkerung gut durchgeimpft. Eigentlich prima. Aber nicht nur, dass die elementaren Grundbedürfnisse der allermeisten Kinder in Deutschland gesichert sind, die Gefahr, dass sie sich schlecht entwickeln, ist auch nicht besonders hoch. Die meisten Eltern sind sehr bemüht um ihre Kinder, und wie verschiedene Jugendstudien ergeben haben, verstehen sich auch die meisten Kinder gut mit ihren Eltern. Ein Großteil der Kinder hat Zugang sowohl zu schulischen als auch zu außerschulischen Bildungsangeboten. Schon in den Kindergärten wird gefördert, was das Zeug hält. Durch die flächendeckenden U-Untersuchungen stehen die Kinder und ihre Entwicklung unter ständiger Kontrolle und wenn mal was schiefgeht, wird der Förderbedarf meist schnell erkannt und es stehen auch die entsprechenden Fördermöglichkeiten zur Verfügung. Zudem wissen die heutigen Eltern meist mehr als jede Generation zuvor über Erziehung, Ernährung und Gesundheit und achten penibel darauf. Eigentlich kein Grund zur Panik. Vielleicht ist es doch nicht so schlecht um unsere Kinder bestellt und wir können uns entspannen. Statt meinen Förder- und Mängelradar anzuschalten, sollte ich vielleicht öfter den Fernseher ausschalten und meinen eigenen Augen trauen. Da sehe ich nämlich viele wunderbare, ganz normale Kinder mit tollen engagierten Eltern auf dem Spielplatz rumtoben. Nur die Frage, was aus meiner Rente wird, wäre vielleicht noch zu klären.

88 Ab in die Krippe

So, es ist durch. Die Emanzipation bleibt auch in Deutschland nicht auf der Strecke. Wir haben einen Rechtsanspruch auf einen Krippenplatz und beide Elternteile können schnell wieder zurück an den Arbeitsplatz. Anders als die Franzosen mussten die deutschen Eltern nämlich noch bangen, ob die Betreuung ihrer Kinder gewährleistet ist, wenn sie vor dem dritten Lebensjahr wieder arbeiten gehen wollten. Das ist jetzt vom Tisch. Gut für die Frau, sagen die einen, schlecht fürs Kind sagen die anderen. Nun, in erster Linie ist es wohl gut für die Wirtschaft. Dass jemand bei der politischen Entscheidung für oder gegen einen Rechtsanspruch auf einen Krippenplatz an die Frauen oder die Kinder gedacht hat, ist eher unwahrscheinlich. Vielleicht denkt der eine oder andere an Wählerstimmen oder an Lobbyisten oder er ist einer ideologischen Haltung verfallen, aber dass es dabei wirklich um die Frage geht, was das Beste für Eltern und Kinder ist, halte ich für unwahrscheinlich. Das Beste wäre es nämlich, wenn Familien in der Lage wären, mit dem Einkommen eines Elternteils, egal ob Mann oder Frau oder abwechselnd, ihren Lebensunterhalt zu bestreiten, statt ständig danach fragen zu müssen, warum es immer mehr sein und immer schneller und uns angeblich immer besser gehen muss.

Warum ist das Leben in einer so reichen Gesellschaft wie Deutschland so stark auf das Thema Erwerbstätigkeit und Sicherung des Lebensunterhalts ausgerichtet? Gäbe es nicht Möglichkeiten, die Potenziale der Menschen anders, lebensfreundlicher zu nutzen, wo wir schon nicht mehr um unser Überleben bangen müssen? Gut, dass Gesellschaften, in denen ein Großteil der Bevölkerung von Hunger bedroht ist und in denen große Armut herrscht, ihre Anstrengungen darauf richten, mehr zu bekommen und

wohlhabender zu werden, ist verständlich. Aber warum sollten Menschen, die alles haben, was sie brauchen, noch mehr wollen? Das sind Fragen, die man vielleicht stellen könnte, wenn es wirklich um die Kinder ginge. Das tut man aber nicht. Vielmehr sieht man die Krippe und die möglichst frühe Fremdbetreuung als Möglichkeit, die Kinder schon von klein auf fit für die Erwerbstätigkeit zu machen. Ist doch gut, wenn alle Kinder möglichst früh in die Krippe gehen. Dann werden sie auch optimal gefördert. Ob das aber wirklich der Fall ist, sei mal dahingestellt, und ob das ein sinnvolles Ziel ist, fragen wir erst gar nicht. Es erscheint ganz klar, dass der Nachwuchs gefördert werden muss, um später noch mehr und besser arbeiten, produzieren und konsumieren zu können. Was aber einige Forscher sich dennoch gefragt haben, ist, ob es den Kindern in den Krippen gut geht (vgl.: Wiener Krippenstudie sowie US-Krippenstudie NICHD)? Also ob die Krippen dafür geeignet sind, die Kinder auf das Leben vorzubereiten? Die Ergebnisse lassen sich ganz kurz zusammenfassen: Im besten Fall schadet ein Krippenbesuch nichts. Hm. Eine etwas ernüchternde Bilanz. Wenn die Krippe gut und das familiäre Umfeld intakt ist und die Betreuungszeit nicht zu lang, tragen die Kinder von der Krippenbetreuung also immerhin keinen Schaden davon. Nennenswerte Vorteile haben sie aber auch nicht. Sie werden nicht sozialer, sondern eher etwas aggressiver, und schlauer werden sie davon auch nicht. Was die Studien aber ergeben haben, ist, dass der Krippenbesuch auf jeden Fall immer Stress für die Kinder bedeutet, was mit einem im Speichel messbaren Anstieg des Cortisolwertes einhergeht. In günstigen Fällen kann der Stress durch eine gute Betreuung zu Hause wieder ausgeglichen werden. In ungünstigen Fällen hat der erhöhte Stresspegel Auswirkungen auf das Immunsystem und die Infektanfälligkeit der Kinder sowie auf die Lernbereitschaft. Leider kann es keine andere Schlussfolgerung geben, auch wenn es politisch nicht korrekt und total retro ist: Kinder unter drei sind für Krippenbetreuung nicht gemacht. Sie bräuchten eigentlich eine viel engere Betreuung, in der die Bezugsperson viel unmittelbarer auf die Äußerungen und Bedürfnisse des Kindes eingeht, als es in einer Krippe möglich ist. Sie können noch nicht mit anderen Kindern spielen, sie spielen parallel, weil sie eigentlich einen Erwachsenen bräuchten, der auf sie eingeht, sie spiegelt und ihre Wahrnehmung teilt. Sie brauchen verlässliche Bezugspersonen, um Selbstvertrauen zu entwickeln und keine Englischvokabeln. Kleine Kinder sind in einem häuslichen Umfeld besser aufgehoben als in einer Krippe. Leider gibt es keine ernst zu nehmende Studie, die zu einem anderen Ergebnis kommt. Allerdings, und das sollten alle Eltern bedenken, die sich dafür entscheiden, ihre Kinder trotzdem in einer Krippe unterzubringen: Alles ist relativ. Wenn sie als Familie dadurch besser dastehen, zufriedener sind, ihr Lebensunterhalt gesichert ist und es ihnen insgesamt besser geht als ohne Krippe, ist die Krippe die einzige richtige Wahl. Außerdem ist jedes Kind und jede Familie anders. Manche kommen mit Krippenbetreuung besser zurecht als andere und Stress ist in der menschlichen Entwicklung normal. Ob der Stress jetzt von der Krippenbetreuung oder von anderen Faktoren kommt, ist wahrscheinlich nicht so wichtig. Wenn man aber die Wahl hat, spricht einiges dafür, auf eine Krippenbetreuung zu verzichten. Zumindest aus Sicht der Kinder. Dass das weitreichende Konsequenzen für die Karriere, die Rente und ganz allgemein die finanzielle Unabhängigkeit desjenigen Elternteils hat, der sich für die Kinderbetreuung entscheidet, darf aber auch nicht verschwiegen werden. Um das zu ändern, wären wir wieder bei der politischen Frage, was für wen das Beste wäre. Und ob diese Frage einmal zugunsten der Menschen und ihrer Bedürfnis beantwortet wird, steht noch aus.

TEIL 3

All we need is Love!

Was Kinder brauchen, um glücklich und gesund zu sein

Freunde statt Gemüse

Bestimmt achten Sie auch auf gesunde Ernährung bei Ihrem Kind. Es soll ja fit bleiben und viele Vitamine essen. Gerade in der kalten Jahreszeit brauchen die Kinder viel Obst und Gemüse, damit sie keine Erkältung bekommen. Allerdings, so behauptet zumindest der Psychosomatiker Peter Henningsen in einem Interview mit der Zeitschrift »Gehirn und Geist«, sind Freunde für die Gesundheit weitaus wichtiger als gesunde Ernährung. Freunde liefern zwar keine Vitamine, dafür reduzieren sie aber Stress. Und das ist mindestens genauso wichtig, wie die Ergebnisse der Psychoneuroimmunologischen Forschung besagen (vgl. Gehirn und Geist 3/2012, 28–34). Demnach seien Körper und Psyche eng miteinander verwoben. Besonders empfindlich reagiere das Immunsystem von Kindern auf psychische Belastungen. Selbst schwere Entzündungserkrankungen in späteren Jahren können die Folge von zu viel Stress im Kindesalter sein. Durch Dauerstress wird aber auch die Immunabwehr massiv beeinträchtigt und Wunden heilen schlechter, Entzündungen klingen langsamer ab, sogar Impfungen wirken schlechter, außerdem werden Allergien begünstigt. Aber eins nach dem anderen. Wie soll das eigentlich gehen?

Also: Wenn Gefahr droht, wird das Immunsystem hyperaktiv. Wenn vor uns ein Hund steht, der uns zerfleischen will, rast unser Herz, die Atmung wird schneller, und Stoffe, die das Schmerzempfinden herabsetzen, werden freigesetzt. So bereitet sich der Körper auf den Kampf vor. Er ist sogar so schlau, dass er schon mal Entzündungsprozesse in Gang setzt, um auf eventuelle Verletzungen vorbereitet zu sein. Gleichzeitig wird auch Cortisol freigesetzt. Cortisol ist der gleiche Stoff, der in entzündungshemmenden Salben zum Einsatz kommt. Das Cortisol verhindert, dass die durch Stress

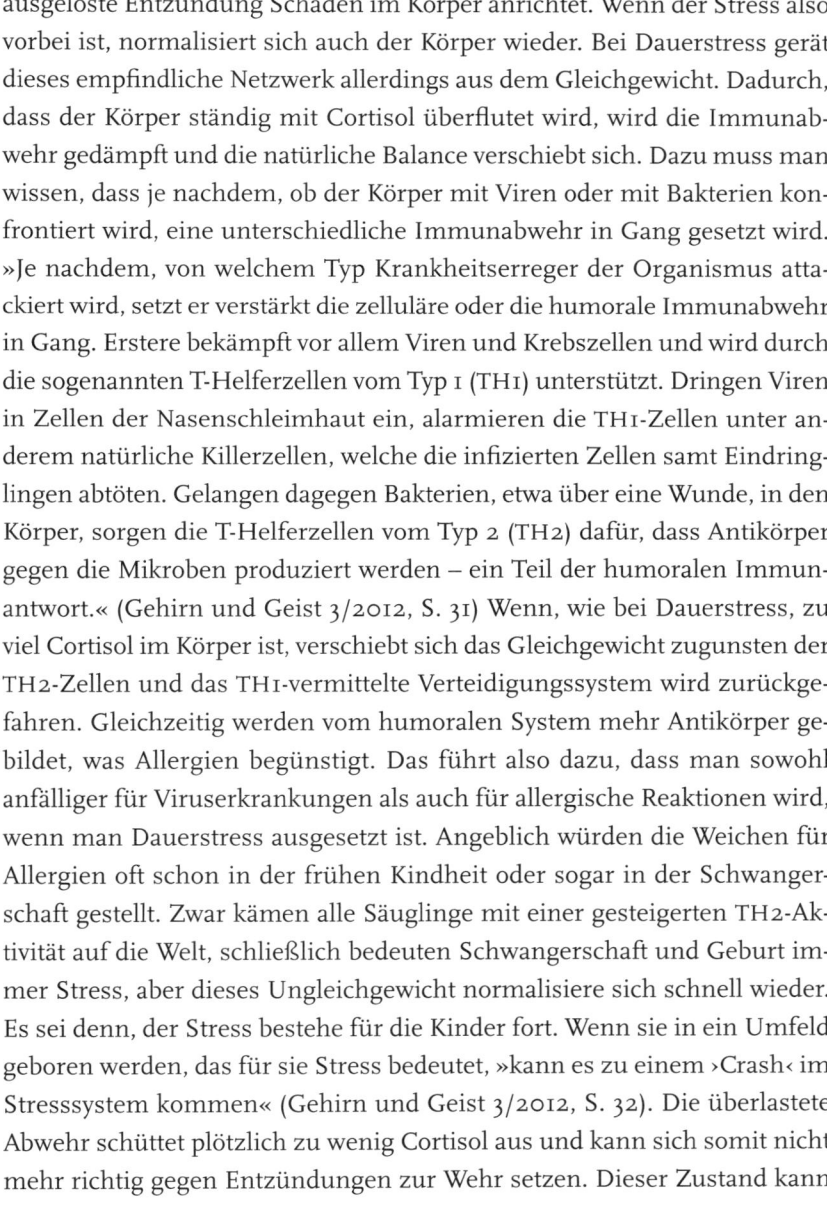
ausgelöste Entzündung Schaden im Körper anrichtet. Wenn der Stress also vorbei ist, normalisiert sich auch der Körper wieder. Bei Dauerstress gerät dieses empfindliche Netzwerk allerdings aus dem Gleichgewicht. Dadurch, dass der Körper ständig mit Cortisol überflutet wird, wird die Immunabwehr gedämpft und die natürliche Balance verschiebt sich. Dazu muss man wissen, dass je nachdem, ob der Körper mit Viren oder mit Bakterien konfrontiert wird, eine unterschiedliche Immunabwehr in Gang gesetzt wird. »Je nachdem, von welchem Typ Krankheitserreger der Organismus attackiert wird, setzt er verstärkt die zelluläre oder die humorale Immunabwehr in Gang. Erstere bekämpft vor allem Viren und Krebszellen und wird durch die sogenannten T-Helferzellen vom Typ 1 (TH1) unterstützt. Dringen Viren in Zellen der Nasenschleimhaut ein, alarmieren die TH1-Zellen unter anderem natürliche Killerzellen, welche die infizierten Zellen samt Eindringlingen abtöten. Gelangen dagegen Bakterien, etwa über eine Wunde, in den Körper, sorgen die T-Helferzellen vom Typ 2 (TH2) dafür, dass Antikörper gegen die Mikroben produziert werden – ein Teil der humoralen Immunantwort.« (Gehirn und Geist 3/2012, S. 31) Wenn, wie bei Dauerstress, zu viel Cortisol im Körper ist, verschiebt sich das Gleichgewicht zugunsten der TH2-Zellen und das TH1-vermittelte Verteidigungssystem wird zurückgefahren. Gleichzeitig werden vom humoralen System mehr Antikörper gebildet, was Allergien begünstigt. Das führt also dazu, dass man sowohl anfälliger für Viruserkrankungen als auch für allergische Reaktionen wird, wenn man Dauerstress ausgesetzt ist. Angeblich würden die Weichen für Allergien oft schon in der frühen Kindheit oder sogar in der Schwangerschaft gestellt. Zwar kämen alle Säuglinge mit einer gesteigerten TH2-Aktivität auf die Welt, schließlich bedeuten Schwangerschaft und Geburt immer Stress, aber dieses Ungleichgewicht normalisiere sich schnell wieder. Es sei denn, der Stress bestehe für die Kinder fort. Wenn sie in ein Umfeld geboren werden, das für sie Stress bedeutet, »kann es zu einem ›Crash‹ im Stresssystem kommen« (Gehirn und Geist 3/2012, S. 32). Die überlastete Abwehr schüttet plötzlich zu wenig Cortisol aus und kann sich somit nicht mehr richtig gegen Entzündungen zur Wehr setzen. Dieser Zustand kann

über Jahre hinweg bestehen bleiben und dazu führen, dass diese Kinder selbst im Erwachsenenalter noch zu Entzündungserkrankungen wie Rheuma neigen.

Zusammenfassend kann man also sagen: Stress ist schlecht für die Gesundheit. Was aber ist Stress für Kinder? Bei Erwachsenen denkt man in erster Linie an den gestressten Manager, und klar, solchen Stress haben Kinder auch schon. Spätestens in der Schule. Auch sie haben Konkurrenzkämpfe und Erfolgsdruck. Sie werden an ihrer Leistung gemessen und haben einen vollen Terminkalender. Für Kinder aber noch viel stressiger ist das Gefühl, nicht zu einer Gemeinschaft dazuzugehören oder abgelehnt zu werden. Kinder sind auf liebevolle und ihnen zugewandte Erwachsene angewiesen. Alleine könnten sie nicht überleben. Darum erscheint Kindern alles besonders bedrohlich, was auf einen Ausschluss aus der Gemeinschaft oder auf Ablehnung des Kindes vonseiten der Bezugspersonen hindeutet.

Wenn Eltern ihr Kind ständig kritisieren, viel schimpfen und schreien, es sogar schlagen oder es ignorieren, bedeutet das für ein Kind Dauerstress. Wenn Kinder in einem Klima aufwachsen, wo sie ständig das Gefühl haben, nur geliebt zu werden, wenn sie sich richtig verhalten, erzeugt das Angst und Stress mit den entsprechenden gesundheitlichen Folgen. Umgekehrt aber können eine positive Lebenshaltung und gute Stimmung auch die Abwehr stärken und vor Entzündungen schützen (vgl. Gehirn und Geist 3/2012, S. 33). Gute Gefühle senken den Blutdruck, die Herzfrequenz und die Entzündungswerte und sie verhindern Blutgerinnsel. In Studien konnte nachgewiesen werden, dass sich Körperkontakt wie Kuscheln und Streicheln besonders positiv auf das Immunsystem auswirkt. Auch positives Denken hilft.

Wenn unsere Kinder also den Brokkoli ausspucken, gibt es noch einen anderen Weg, ihnen zu einem guten Immunsystem zu verhelfen, und der führt über positive Gefühle, gute Stimmung und liebevolle Zuwendung. Man kann Kinder zwar nicht auf Knopfdruck zu Optimisten machen, aber man kann ihre Aufmerksamkeit auf positive Dinge lenken, ihre Stärken betonen, ihnen zu Freundschaften und Beziehungen mit Verwandten verhelfen, mit ihnen lachen und Spaß haben und versuchen, möglichst wenig Stress zu machen. Vielleicht hilft's ja. Und wenn nicht, hat die Zeit bis zur nächsten Viruserkrankung wenigstens mehr Spaß gemacht.

95

Resilienz

Warum wird das eine Kind unter widrigen Lebensbedingungen krank und kriminell und das andere entwickelt sich trotz allem gut? Das Zauberwort heißt Resilienz. Resiliente Kinder können sich trotz schwieriger Umstände oder großer Schicksalsschläge zu kompetenten, gesunden und glücklichen Erwachsenen entwickeln, während andere daran zerbrechen würden.

Auf der Insel Kauai untersuchte Emmi Werner den gesamten Geburtsjahrgang 1955 mit ca. 700 Kindern. Sie beobachtete deren Entwicklung bis zu ihrem 40. Lebensjahr. Etwa 30% der Kinder waren schweren Entwicklungsrisiken wie großer Armut, psychisch erkrankten Eltern oder ständigen familiären Konflikten ausgesetzt. Während zwei Drittel dieser Kinder, die mit zwei Jahren solchen Entwicklungsrisiken ausgesetzt waren, im Schulalter schwere Lern- und Verhaltensstörungen entwickelten, entwickelte sich etwa ein Drittel der untersuchten Kinder trotz erheblicher Risiken zu zuversichtlichen, standhaften und fürsorglichen Erwachsenen. Verantwortlich dafür machte Emmi Werner verschiedene schützende Faktoren.

Zu den Schutzfaktoren, die ein Kind stärken, gehören eine stabile Bindung zu mindestens einer Bezugsperson, stabile und harmonische Familienverhältnisse und ein Erziehungsstil, der durch Wertschätzung und Akzeptanz gegenüber dem Kind gekennzeichnet ist. Resiliente Kinder haben oft als Baby ein angenehmes Temperament, wodurch die Eltern motiviert werden, sich viel und liebevoll mit ihm zu beschäftigen, sie haben die Fähigkeit zu Empathie, sind in der Lage, Freundschaften zu knüpfen, und haben eine hohe Selbstwirksamkeitsüberzeugung. Sie denken also, dass sie in der Lage sind, die Zukunft durch eigenes Handeln positiv zu beeinflussen. Zudem ist das Bild, das sie von sich selbst haben, positiv. Und die gute

Nachricht dabei ist: Fast alle Faktoren sind beeinflussbar. Resilienz ist somit nicht angeboren, sondern erlernt. Natürlich spielen auch äußere Faktoren wie eine gute Bildungsinstitution und ausreichend soziale Unterstützung im Umfeld der Familie eine Rolle, aber die meisten Schutzfaktoren können beeinflusst werden. Auf Grundlage dieser Erkenntnisse wurden verschiedene Programme entwickelt, mit denen Kindern, die Entwicklungsrisiken ausgesetzt sind, geholfen werden soll.

Kindern eine verlässliche Bezugsperson zu sein, ihnen mit emotional warmem Erziehungsverhalten zu begegnen, positive Beziehungen der Kinder zu Freunden und Familienmitgliedern zu fördern, ihnen die Möglichkeit zu geben, ihre Kreativität und ihre Fantasie zu entfalten, sie erkennen zu lassen, dass sie mit ihrem eigenen Verhalten etwas bewirken können und ihnen ein positives Selbstbild zu vermitteln ist deshalb nicht nur nette, ethisch korrekte Kuschelpädagogik, sondern ganz handfeste Präventionsarbeit. Das sollten sich alle, die nach mehr Strenge und Disziplin rufen, hinter die Ohren schreiben. Wir brauchen nicht noch mehr Ratschläge, die uns von unseren Kindern entfernen und einen Keil zwischen Eltern und Kind treiben, sondern mehr Mut zu emotionaler Wärme.

Das schaffe ich schon

Die Überzeugung, mit Schwierigkeiten fertig zu werden und sein Leben beeinflussen zu können, nennt man Selbstwirksamkeitserwartung. Je nachdem, wie stark diese Überzeugung bei einem Menschen ausgeprägt ist, hat er entweder die Erwartung, dass er sein Geschick durch eigenes Zutun beeinflussen kann – das wäre eine hohe Selbstwirksamkeitserwartung –, oder er geht davon aus, dass sein Leben von äußeren Umständen und den Entscheidungen anderer abhängig ist – das wäre eine niedrige Selbstwirksamkeitserwartung. Menschen mit einer hohen Selbstwirksamkeitserwartung haben es im Leben leichter. Sie gehen Schwierigkeiten aktiv an und suchen nach Lösungen, sie trauen sich neue Aufgaben zu und finden sinnvolle Bewältigungsstrategien. Menschen hingegen, die denken, sie hätten sowieso keinen Einfluss auf ihr Schicksal, verhalten sich eher passiv und erwarten, dass sie bei Herausforderungen scheitern. Diese negative Erwartungshaltung wird oft zur sich selbst erfüllenden Prophezeiung. Damit ist gemeint, dass sich die negative Einstellung auch auf den Erfolg auswirkt. Wenn man von vornherein sagt, das wird doch eh nichts, dann ist es auch wahrscheinlich, dass man weniger Energie und Motivation in die Aufgabe steckt und letzten Endes tatsächlich scheitert. Viele psychische Probleme, sowohl im Erwachsenen- als auch im Kindesalter, hängen mit einer niedrigen Selbstwirksamkeitserwartung zusammen. So neigen Menschen mit einer niedrigen Selbstwirksamkeitserwartung zum Beispiel stärker zu Angststörungen und Depressionen.

Die Überzeugung, Situationen durch sein eigenes Tun beeinflussen zu können, entwickelt sich im Laufe des Lebens. Sie wird also erlernt. Die ersten Erfahrungen, die sich auf solche Kontrollüberzeugung eines Menschen auswirken, werden schon im frühen Kindesalter gemacht. Zunächst lernen kleine Kinder, dass sie durch ihr Schreien jemanden dazu bewegen können, sich mit ihm zu beschäftigen, oder dass sie mit ihren Bewegungen die Rassel zum Klingen bringen können. Später bestätigen eigene Erfolgserlebnisse ihren Glauben, etwas zu schaffen und zu bewirken. Man sollte Kindern also die Möglichkeit und die Zeit geben, selbst Lösungen für Aufgaben und Probleme zu finden. Und man sollte diese Lösungen anerkennen und wertschätzen. Man sollte auch auf ihr Verhalten reagieren. Der Rat, bestimmte Verhaltensweisen konsequent zu ignorieren, ist aus dieser Sicht fragwürdig. Oft bekommt man gesagt, man solle das Baby ruhig schreien lassen und unerwünschtes Verhalten bei älteren Kindern ignorieren. Beides führt dazu, dass die Kinder die Erfahrung machen, mit ihrem Verhalten nichts zu bewirken. Wenn Babys schreien, tun sie das immer, weil sie etwas brauchen und sei es nur Nähe. Älteren Kindern kann man sagen, was einen stört, und welches Verhalten man sich stattdessen wünschen würde, statt sie zu ignorieren.

Für Kinder ist es aber nicht nur wichtig, eigene Erfolgserlebnisse zu haben, sie lernen auch dadurch, dass sie beobachten, wie jemand anderes eine schwierige Aufgabe löst. Je ähnlicher die Fähigkeiten des anderen den eigenen Fähigkeiten sind, umso mehr steigt die Erwartung, dasselbe auch zu können. Wenn Kinder also sehen, wie Gleichaltrige Schwierigkeiten meistern, gehen sie davon aus, dass sie das theoretisch auch könnten. Das gilt auch, wenn die Erwachsenen in ihrer Nähe, also besonders die Eltern, Zutrauen in ihre eigenen Fähigkeiten haben. Darum ist es wichtig, dass Kinder sich in einem ermutigenden und wachstumsfördernden Umfeld begegnen. Druck, Angst und Konkurrenz sind nicht förderlich, wenn Kinder sich neuen Aufgaben stellen und nach eigenen Lösungen suchen sollen. Denn die Begegnungen mit Herausforderungen beinhalten ja immer auch die Möglichkeit des Scheiterns und auf diese Gefahr lassen sich Kinder nur in einem wertschätzenden Umfeld ein. Dann aber bieten gut dosierte Herausforderungen viele Lern- und Entfaltungsmöglichkeiten für das Kind und auch für die ganze Gruppe.

Doch nicht nur die eigenen Erfahrungen und die Beobachtungen an anderen Kindern beeinflussen die Überzeugung des Kindes, etwas bewirken zu können, sondern auch die Haltung der anderen, die ihm begegnen. Wenn für das Kind wichtige Bezugspersonen davon ausgehen, dass das Kind kompetent ist und Herausforderungen meistern wird, wirkt sich das auch auf das Selbstbild des Kindes aus. Ermutigende Worte und die Anerkennung von Leistungen sind dabei wichtig. Wenn Eltern ihren Kindern sagen, dass sie zu nichts nütze sind und es im Leben sowieso zu nichts bringen werden, bereiten sie sie schon aufs Scheitern vor. Wenn sie ihren Kindern aber realistische Aufgaben zutrauen und ihre Leistungen wertschätzen, helfen sie ihnen dabei, eine hohe Selbstwirksamkeitserwartung zu entwickeln. Und das ist eine wichtige Ressource, um mit den Anforderungen, die das Leben an sie stellt, zurechtzukommen. Oder anders ausgedrückt: Wenn ich auf diesen riesigen Baum raufkomme, kann ich auch die zwanzig Vokabeln für den Englischtest lernen.

Die Liebe zum Leben

Die Liebe zum Leben ist dem Menschen angeblich angeboren. Edwardt O. Wilson behauptet in seiner »Biophilie-Hypothese«, dass sich der Mensch aufgrund seiner angeborenen Biophilie (der Liebe zum Leben) zu anderen Lebewesen hingezogen fühlt und den Kontakt zur Natur braucht, um gesund zu bleiben, einen Sinn im Leben zu finden und sich selbst zu verwirklichen. Verschiedene wissenschaftliche Studien haben versucht, den positiven Effekt von Naturerfahrungen nachzuweisen. Besonders gut erforscht sind die positiven Effekte, die Haustiere auf den Menschen haben. Sie senken den Blutdruck, verkürzen die Regenerationszeit nach Krankheiten und erhöhen die Lebenszufriedenheit. Aber auch der Blick auf Bäume vom Krankenbett aus verkürzt den Krankenhausaufenthalt, während ein Blick auf Betonklötze keinen positiven Effekt hat und auch Waldspaziergänge reduzieren Stress in weit höherem Maße, als es ein Spaziergang auf einem Laufband tut, selbst dann, wenn man auf dem Laufband eine Waldanimation betrachten kann. Dass die Natur den Menschen guttut, ist relativ gut belegt. Kinder, die viel draußen spielen, leiden sogar seltener an Kurzsichtigkeit als Stubenhocker. Also raus ins Freie. Allerdings gleich mit einer Einschränkung: sofern sie Lust dazu haben. Es mehren sich ja die Stimmen, die fordern, die Kinder bräuchten dringend mehr Natur. Das sehe ich zwar auch so, aber dennoch muss man zugeben, die Biophilie-Hypothese heißt nicht umsonst Hypothese und nicht Wahrheit. Denn dass jedem Menschen die Liebe zum Leben innewohnt, lässt sich schlecht beweisen. Es wird wohl eher so sein, dass sich die Frage nach der Grundausstattung und nach dem, was dem Menschen angeboren ist, mit der Formel »Use it or lose it« beantworten lässt. Auch wenn der Mensch die Fähigkeit der

Liebe zum Leben in sich trägt, muss sie erst erweckt und geschult werden. Erich Fromm schreibt in diesem Zusammenhang: »Die Biophilie ist die leidenschaftliche Liebe zum Leben und allem Lebendigen; sie ist der Wunsch, das Wachstum zu fördern, ob es sich nun um einen Menschen, eine Pflanze, eine Idee oder eine soziale Gruppe handelt. Der biophile Mensch baut lieber etwas Neues auf, als dass er das Alte bewahrt. Er will mehr sein, statt mehr zu haben. Er besitzt die Fähigkeit, sich zu wundern, und er erlebt lieber etwas Neues, als dass er das Alte bestätigt findet. Das Abenteuer zu leben ist ihm lieber als Sicherheit. Er hat mehr das Ganze im Auge als nur die Teile, mehr Strukturen als Summierungen. Er möchte formen und durch Liebe, Vernunft und Beispiel seinen Einfluss geltend machen.« (Fromm zit. nach: Erich Fromm online 2013) Fromm grenzt dabei den biophilen Charakter vom nekrophilen (todesliebenden) Charakter ab. Während der biophile Charakter das Leben entfalten möchte, engt der nekrophile das Leben ein. Welche Charakterstruktur überwiegt, hängt von den gesellschaftlichen Rahmenbedingungen und von den individuellen Erfahrungen eines Menschen ab. Das heißt, das Sein wächst durch die Praxis. Solidaritäts- und Kooperationsfähigkeit, Liebe, Vernunft, künstlerisches und intellektuelles Schaffen können aber laut Fromm nur vor dem Hintergrund des Bewusstseins wachsen, dass das durch die Habenstruktur bestimmte Gegeneinander den Interessen aller Menschen widerspricht. Ein solches Bewusstsein bei unseren Kindern vorauszusetzen wäre allerdings etwas viel verlangt. Da ist ein Waldspaziergang schon einfacher umzusetzen, und wenn das Sein durch die Praxis wächst, wäre die Liebe zur Natur, den Tieren und den Menschen doch schon mal ein guter Anfang. Also doch: Raus mit euch!

Ich weiß, was du fühlst

1992 entdeckten Giacomo Rizzolatti und seine Mitarbeiter zufällig die sogenannten Spiegelneuronen. Sie wollten erforschen, wie Handlungen im
Gehirn geplant und umgesetzt werden. Darum verdrahteten sie die Köpfe
von Affen und schauten, was passierte, wenn sie nach einer Nuss griffen.
Dabei machten sie zufällig die überraschende Entdeckung, dass die Hirne
der Affen auch dann Signale aussandten, wenn sie regungslos dasaßen und
nur zusahen, wie der Versuchsleiter nach der Nuss griff. Das war komisch.
Offenbar reagierten die Nervenzellen der Affen, wenn sie den Versuchsleiter beobachteten, genau so, als ob sie die Handlung selbst ausführten. Die
dafür verantwortlichen Zellen nannten die Forscher Spiegelneuronen.

Später gelang es, auch im Gehirn des Menschen Spiegelneuronen nachzuweisen. Diese Neuronen sind als ein Resonanzsystem im Gehirn des
Menschen zu verstehen, das Gefühle und Stimmungen anderer Menschen
beim Empfänger zum Erklingen bringt (vgl.: Bauer 2006). Auf beobachtete Handlungen reagieren diese Nervenzellen so, als hätte man die Handlung selbst ausgeführt. Somit sind diese Zellen die Grundlage von Mitgefühl und Empathie. Wenn man beobachtet, wie sich jemand in den Finger
schneidet, fühlt man quasi mit. Dieses System ist im menschlichen Gehirn
von Geburt an angelegt. Schon Säuglinge können Gesichtsausdrücke ihrer
Eltern spiegeln, und sie haben auch das Bedürfnis, das zu tun. Diese Fähigkeit entwickelt sich allerdings nicht von alleine. »Die angeborenen Spiegelsysteme des Säuglings können sich nur dann entfalten und weiterentwi-
ckeln, wenn es zu einem geeigneten und für ihn passenden Beziehungsan-
gebot kommt.« (Bauer 2006, S. 59) Dafür braucht es eine Bezugsperson,
die sich für Spiegelungen anbietet und ebenfalls spiegelt, denn nur so

werden die Spiegelneuronen auch aktiviert. Die genetische Voraussetzung zum Spiegeln muss also erst im Kontakt mit der Bezugsperson angeknipst werden. Forscher gehen davon aus, dass zwischen dem 3. und 4. Lebensjahr die Spiegelneuronen voll entwickelt sind, aber auch schon davor aktiv sind und sich entsprechend entwickeln können. Wird die Fähigkeit zu spiegeln aber unterdrückt oder nicht genutzt, geht sie verloren. Die Spiegelneuronen von Psychopathen beispielsweise sind nicht in gleichem Maße entwickelt wie die gesunder Menschen. Deshalb können sie ihr Mitgefühl ausschalten und das Leid anderer ignorieren. Um aber im alltäglichen Zusammenleben gut zurechtzukommen, sind intakte Spiegelneuronen unerlässlich. Nur so ist man in der Lage, sich intuitiv auf sein Gegenüber einzustellen, sich in vollen Einkaufsstraßen zu bewegen, ohne zusammenzustoßen, und gute soziale Beziehungen aufzubauen. Geglückte Spiegelungen führen zu einem Gefühl des Verstehens und des Verbundenseins und führen zu einem Ausstoß körpereigener Opioide. »Frühe Spiegelungen führen also nicht nur zu seelischem, sondern auch zu körperlichem Glück.« (Bauer 2006, S. 62) Wird Kindern aber die Spiegelung verweigert, wie das bei dem sogenannten »Still Face«-Experiment der Fall ist, führt das zu massiver Irritation und schließlich zum völligen Rückzug des Kindes. Die Bezugsperson soll im Rahmen dieses Experiments absichtlich und entgegen ihrer Intuition ein ausdrucksloses und emotionsloses Gesicht beim Umgang mit dem Säugling machen, was die Kinder massiv verunsichert. Solche Beobachtungen legen nahe, dass es verheerende Folgen haben kann, wenn man versucht, Kinder emotionslos und rein rational und vernünftig zu versorgen. Dadurch kann die Fähigkeit des Kindes, mit anderen in Kontakt zu kommen und sich ihnen intuitiv verbunden zu fühlen, ruiniert werden. »Das frühe Spiel mit spiegelnden Imitationen schafft die Grundlage dessen, was Daniel Goleman als emotionale Intelligenz beschrieben hat.« (Bauer 2006, S. 62–63) Später braucht das Kind dann neben der spiegelnden Imitation durch die Bezugspersonen ein zusätzliches Handlungsfeld, in dem es unterschiedliche Rollen und Perspektiven einnehmen und erproben kann. Dieses Übungsfeld ist das Spiel. »Seine überragende Bedeutung ergibt sich daraus, dass das Kind hier, und nur hier, eine nahezu unendliche Anzahl von Handlungs- und Interaktionssequenzen kennen lernen und trainieren kann.« (Bauer 2006, S. 65)

Das Kleinkind braucht dafür gewisse neurobiologische Voraussetzungen. So sind seine Spiegelsysteme mit ca. 18 Monaten so weit entwickelt, dass es in der Lage ist, Handlungen gezielt zu beobachten und zu imitieren. Allerdings kann das kleine Kind sich die Welt des Spiels nicht alleine erschließen. Es braucht zunächst einen Erwachsenen, der es in diese Welt hineinführt. »Bezugspersonen, die das Spiel anleiten, sind aus neurobiologischer Sicht durch nichts zu ersetzen [...]. Kleinkinder brauchen also präsente, lebendige Betreuer. [...] Nur wenn Betreuer persönlich anwesend sind, individuell auf die Aktionen des Kindes reagieren und das Spielen immer wieder in Gang bringen, können Kleinkinder, nachdem sie ein entsprechendes Alter erreicht haben, zeitweise dazu übergehen, das Spiel selbst zu organisieren.« (Bauer 2006, S. 66) Es zeigt sich also auch hier wieder deutlich, dass Kinder auf feinfühlige Bezugspersonen, die sich liebevoll mit ihnen beschäftigen, angewiesen sind, um sich gesund zu entwickeln.

Die Entdeckung der Spiegelneuronen ist aber auch in anderer Hinsicht revolutionär. Zeigt sie doch wieder, dass der Mensch schon mit seiner biologischen Ausstattung auf Kooperation, Mitgefühl und soziale Interaktion ausgerichtet ist. Entgegen der Annahme, Wettkampf und Konkurrenz seien die Grundlage aller menschlichen Motivation, zeigen neuere wissenschaftliche Erkenntnisse immer deutlicher, dass der Mensch ein durch und durch soziales und auf Gemeinschaft und Kooperation ausgerichtetes Wesen ist. Sowohl Gesellschaftsmodelle als auch Erziehungsstile und Bildungseinrichtungen, die auf Konkurrenz, Wettkampf und Individualismus ausgerichtet sind, scheinen der Natur des Menschen zuwiderzulaufen. Langfristig stellt sich nicht nur die Frage, was das Beste für unsere Kinder ist, sondern auch, wie wir in Zukunft leben wollen. Die Spiegelneuronen sollten hier ein bedeutendes Wörtchen mitreden dürfen.

Immer langsam mit den jungen Pferden

Dass man es mit jungen Pferden langsam angehen lassen und nicht vor lauter Ehrgeiz übereifrig werden sollte, hat sich sprichwörtlich in unserer Sprache niedergeschlagen. Allerdings betrifft das heute die wenigsten, denn wir fahren nämlich Auto, statt Kutsche. Das geht schneller. Wir pflügen auch nicht mehr unsere Felder mithilfe unseres Ackergauls. Wir gehen in den Supermarkt. Auch das geht schneller. Wir warten auch nicht mehr, dass das Mühlrad sich gedreht hat und unser Korn gemahlen wurde oder bis der Teig aufgegangen ist, sondern gehen lieber schnell zum Back-Shop. So geht alles ratzfatz und schwuppdiwupp. Aber so manchem geht das dann auch wieder zu schnell. Halt, stopp! Warum so eilig, wohin des Weges? Ja, wohin eigentlich? Egal, Hauptsache schnell.

Es gibt aber auch welche, die nehmen den Fuß vom Gas und steigen aus. Das sind dann die, die »Slow Food« essen, barfuß den Jakobsweg entlanglaufen und sich die Zeit nehmen, den Weg, auf dem sie gehen, auch zu sehen. Statt immer schneller auf ein unbekanntes Ziel zuzurasen, versuchen sie, den Augenblick zu leben. Lebe langsamer und habe mehr davon, lautet das Motto. Und danach sehnen sich immer mehr Leute, sogar Eltern. Während sich Eltern weniger danach sehnen, auch noch das Korn mit der Hand zu mahlen, um dann daraus selbst ein Natursauerteigbrot für ihre Lieben zu backen, oder die Wäsche mit der Hand und mit selbst gemachter Naturseife zu waschen, sehnen sie sich aber danach, endlich mal Zeit zu haben, mal nicht alles geben und perfekt sein zu müssen, mal die Seele baumeln zu lassen ... Und manche glauben sogar, das täte auch den Kindern mal gut. Statt von einer Aktivität zur nächsten zu hetzen, immer High Performance zu bringen, ständig belehrt und gefördert zu werden und den ultimativ besten, effektivsten und wertvollsten Spaß zu haben, würde es den Kindern vielleicht mal gut tun, sich zu langweilen, einfach nur vor sich hin zu spielen und die Welt in ihrem eigenen Tempo zu erkunden. Daraus ist eine Bewegung entstanden, die sich »Slow Parenting« nennt. Inspiriert von Carl Honorés Buch »Kinder unter Druck«, versuchen sie, die Kindheit zu entschleunigen und Druck rauszunehmen. Sie versuchen, sich von den Gedanken, die die Werbekampagnen der Konsumgesellschaft in ihre Köpfe gepflanzt haben, zu lösen, und statt immer mehr in immer kürzerer Zeit zu wollen, wollen sie einfach mal nichts. Sie nehmen sich bewusst Zeit für Nichtstun, für Nichtfördern, Nichtbehüten, Nichtanimieren und lassen den Kindern Zeit und Raum, ihre eigenen Erfahrungen zu machen. Selbst auf die Gefahr hin, dass sie dann mit vier Jahren weder Mandarin sprechen noch Geige spielen können. Dafür bekommen sie aber die Chance, das zu tun, was man mit vier so eben tut, nämlich spielen, ausprobieren, verweilen, sich langweilen und dann wieder eine neue Idee haben. Sie bekommen die Chance, sich selbst zu spüren und etwas aus sich heraus zu tun. Es geht dabei nicht darum, alles im Schneckentempo zu tun, sondern es in dem richtigen Tempo zu tun. Das hört sich wunderbar an. Wenn ich nur die Zeit dafür hätte. Jetzt geht's erst mal los. Kindergarten, Arbeit, Musikkurs, einkaufen ... Vielleicht haben wir dann zwischen fünf und sechs noch eine Stunde Zeit für Nichtstun. Das wird ja wohl reichen, und wenn nicht, müssen wir uns beim Nichtstun halt ein bisschen beeilen.

Ganz der Papa

»Die Augen hat er von der Mama und das Kinn ist genau wie das von Tante Herta. Aber wenn er lacht, ist er ganz der Papa.« Da sieht man's. Die Gene bestimmen, was aus unseren Kindern wird. Ein Blick in die Fotoalben der Familie kann da schon recht erhellend sein. Wenn Sie Ihren Partner also gut gewählt haben, kann ja nicht mehr viel schiefgehen. Aber bedenken Sie. Die Schwiegermutter hat auch ihren genetischen Teil dazu beigetragen. Da kommen dann die ersten Zweifel auf. In jeder Ahnentafel findet sich der eine oder andere, dessen Gene man lieber nicht an den eigenen Nachwuchs vererben möchte. Opa Klaus hat Diabetes und die Großtante hat Depressionen. Hm. Wenn das mal nicht schiefgeht. Jetzt gibt es zwei Möglichkeiten, die hoffen lassen. Erstens könnte es sein, dass Opa Klaus ein Kuckuckskind ins Nest gelegt bekam und er seine Gene für sich behalten hat. Zweitens bleibt die Hoffnung, dass die schlechten Gene der Verwandtschaft erst durch deren Lebensstil aktiviert wurden. So was gibt es nämlich auch. Und das ist für Eltern gleich in zweierlei Hinsicht relevant. Erstens können sie hoffen, dass ihr Kind genetisch doch nicht so stark vorbestimmt ist, wie sein Aussehen vermuten lässt, und zweitens können sie versuchen, durch die entsprechenden Beziehungserfahrungen und Lebensstile die Gene ihres Kindes zu beeinflussen. Gut, es gibt einige Dinge, die sind genetisch festgelegt und lassen sich auch nicht ändern. Wenn das Kinn nun mal von Tante Herta ist, hat der Lebensstil darauf herzlich wenig Einfluss. Das kann nur ein plastischer Chirurg ändern. Das sind dann die harten Fakten. Es gibt aber auch sehr viele Gene, die werden erst durch bestimmte Umstände an- bzw. ausgeschaltet.

Bei der Entscheidung darüber, welche Gene aktiviert oder runterreguliert werden, spielen die Signale, die von außen auf die Körperzellen treffen, die maßgebliche Rolle. »Hier sind es jedoch nicht nur die Nahrung, das Klima oder die Umweltverschmutzung, die Effekte auf die Regulation der Genaktivität ausüben können, sondern auch psychische Einflüsse. Seelische Erlebnisse werden vom Gehirn in bioelektrische Impulse und in die Freisetzung von Nerven-Botenstoffen umgewandelt. Das Gehirn macht aus jedem psychischen also einen biologischen Vorgang.« (Bauer 2010, S. 21) Somit verändern die Erfahrungen, die wir machen, unser Gehirn und sogar unsere Gene. Das kann so weit gehen, dass die Gene sich diese Erfahrung »merken« und sie an die nächste Generation weitervererben wie im Hungerwinter 1944/45, als unterernährte Frauen in Holland auch kleine unterernährte Kinder zur Welt brachten. Das ist ja erst mal nicht verwunderlich. Verwunderlich ist aber, dass die damals geborenen Kinder überdurchschnittlich oft von Depression, Übergewicht, Schizophrenie, Herzproblemen und Diabetes betroffen waren und dass sie selbst ebenfalls kleine Kinder gebaren. »Die Erbsubstanz der Enkel enthielt also auch Informationen über die Lebensbedingungen der Großeltern.« (Planet Wissen 2013) Sprich, unser Lebensstil und unsere Erfahrungen verändern unsere Gene und somit auch unser Gehirn und unseren Körper. Und das betrifft nicht nur die Zeitspanne der frühen Kindheit, sondern das gesamte Leben.

Unsere Hirne sind lebenslang plastisch und verändern sich mit den Erfahrungen, die wir machen. Darum sollte man sich überlegen, mit welchen Gedanken und Themen man sich beschäftigen möchte, worauf man seine Aufmerksamkeit richtet und welchen Erfahrungen man sich aussetzt. Möchte ich, dass sich Ängste, Ärger, Sorgen, Wut und Verbitterung in mein Gehirn einschreiben und zu einem Teil meines Körpers werden, oder möchte ich das Haus, in dem meine Seele wohnt, aus Freude, Dankbarkeit, Schönheit, Liebe und Mitgefühl bauen? Eltern und alle, die mit Kindern zu tun haben, bauen nicht nur täglich an ihrem eigenen Haus, sondern sie gestalten die innere Welt des Kindes mit. Kinder sind im Gegensatz zu Erwachsenen nämlich noch nicht in der Lage, ihre Gedanken und ihre Aufmerksamkeit bewusst zu steuern. Zudem gibt es natürlich viele mögliche traumatische Erfahrungen, denen jeder Mensch ausgesetzt sein kann, ohne dass er Einfluss darauf hat. Bei Kindern ist dieses »ausgesetzt sein« allerdings noch viel präsenter, da sie immer zu einem gewissen Teil der Willkür und dem Wohlwollen der Erwachsenen, die mit ihnen zu tun haben, ausgeliefert sind.

Vorgänge »in zwischenmenschlichen Beziehungen [können] massiven Einfluss auf die Regulation zahlreicher Gene und aufgrund dessen nicht nur seelische, sondern auch weitreichende biologische Auswirkungen haben« (Bauer 2010, S. 10). Und das im positiven wie im negativen Sinne. Während gute Beziehungen mit einer besseren Gesundheit, weniger Stress und mehr Abwehrkräften einhergehen, führen negative Beziehungserfahrungen zu einer schlechteren Immunabwehr, einem höheren Risiko für Herz-, Kreislauf- und entzündliche Erkrankungen sowie zu einer erhöhten Stressanfälligkeit und zu einer allgemein kürzeren Lebenserwartung. Das alles, weil gute zwischenmenschliche Erfahrungen eine wirksame Medizin gegen Stress darstellen. Die negativen Auswirkungen, die Stress auf den Körper hat, werden durch gute Beziehungserfahrungen abgemildert bzw. ausgeglichen. Durch traumatische Erlebnisse seelischer oder körperlicher Art hingegen können die Stressgene aktiviert werden, was zu einer dauerhaft erhöhten Stressanfälligkeit führt und mit der erhöhten Gefahr, sowohl physisch als auch psychisch zu erkranken, einhergeht. Da in »der Kindheit und Jugend [...] im Gehirn die Nervenzell-Netzwerke angelegt [werden], die später darüber entscheiden, wie eine Person ihre Umwelt einschätzt und interpretiert, wie sie Beziehungen gestaltet und wie sie mit den Herausforderungen umgeht, die das Leben bereithält« (Bauer 2010, S. 177), kommt den Beziehungen des Kindes zu seinen Bezugspersonen besonders hohe Bedeutung zu. Kinder haben die große Fähigkeit, sich anzupassen und »sind bereit, alles zu tun und auf alles zu verzichten [...], um das zu erhalten, was ihnen das Wichtigste ist: die elterliche Bindung« (Bauer 2010, S. 178). Diese Bereitschaft geht oft auf Kosten ihrer eigenen Entwicklung. Darum liegt es in der Verantwortung der Eltern, die Beziehung zu dem Kind positiv zu gestalten. Dabei sollten sie bei den Kindern nicht das

hegen und pflegen, was für Eltern bequem ist, »sondern das, was das Leben von [den Kindern] fordern wird: Begeisterungsfähigkeit, Kreativität, Pfiffigkeit, Hilfsbereitschaft, kritisches Denken, Fleiß, Durchhaltevermögen, Unbestechlichkeit, Konfliktbereitschaft, Empathie, Fairness und Sportlichkeit« (Bauer 2008, S. 23).

Wann man Hilfe holen sollte

Eltern machen Fehler und sind nicht perfekt. Das ist völlig normal. Dennoch entwickeln sich die allermeisten Kinder gut. Zum Leben gehört eben auch, dass Menschen verschiedenen Belastungssituationen ausgesetzt sind und dass es Probleme gibt. Das ist bis zu einem gewissen Grad ganz unvermeidlich, und Kinder besitzen eine geradezu angeborene Fähigkeit, mit den Widrigkeiten des Lebens zurechtzukommen und sogar daran zu wachsen. Wenn die Belastungen für die Familie allerdings zu groß werden, sollte sie sich unbedingt Hilfe holen. Insbesondere wenn Sie selbst unter einer psychischen Erkrankung leiden oder in der Kindheit seelischer, sexueller oder körperlicher Gewalt ausgesetzt waren, ist es sinnvoll, das mit professioneller psychotherapeutischer Hilfe zu bearbeiten, damit Sie Ihre negativen Beziehungserfahrungen nicht an Ihre Kinder weitergeben.

Kinder haben ein Recht auf gewaltfreie Erziehung. Gewalt – sowohl seelische als auch körperliche – wirkt traumatisierend und ist eine große Gefahr für die Entwicklung eines Kindes. Wenn es in Ihrer Familie zu Gewalt gegenüber den Kindern gekommen ist oder Sie eine ernsthafte Gefahr dafür sehen, wenden Sie sich bitte an eine Erziehungsberatungsstelle und lassen Sie sich helfen. Das ist keine Schande, sondern ein Zeichen für Ihre Bereitschaft, Verantwortung zu übernehmen!

Warum tut er das nur?

Wenn der kleine Tim dem süßen Mädchen im Sandkasten die Schippe auf den Kopf haut, wenn er sich im Supermarkt schreiend auf den Boden wirft oder wenn er sich partout nicht für das schöne Geschenk von Tante Inge bedanken möchte, fragen sich seine Eltern, warum der das bloß tut. Die meisten Eltern vermuten in solchen Fällen zunächst mal eine lange Kette von Erziehungsfehlern und gehen davon aus, dass sie auf ganzer Linie versagt haben. Ansonsten könnte es noch die Oma gewesen sein, die das Kind zu sehr verwöhnt hat, oder er hat sich das im Kindergarten abgeschaut. So oder so ähnlich sehen die Erklärungsmodelle von Eltern aus. Neben Eltern beschäftigen sich aber noch einige andere Menschen mit den Gründen für menschliches Verhalten. So hat die Psychologie beispielsweise ein anderes Erklärungsmodell im Angebot bzw. eigentlich hat sie ein ganzes Paket von unterschiedlichen Erklärungsmodellen im Angebot, aber wir beschränken uns jetzt mal der Einfachheit halber auf Folgendes: Dem Menschen wohnen bestimmte Triebe inne, die er befriedigen möchte. Die Motivation für jegliches Handeln ist also die Befriedigung der Triebe. So gibt es beispielsweise den Sexualtrieb, den Aggressionstrieb oder den Überlebenstrieb. Alles Handeln richtet sich demnach danach aus, irgendeinen Trieb zu befriedigen. So könnte Tim zum Beispiel seinen Aggressionstrieb ausleben, wenn er dem Mädchen die Schippe auf den Kopf haut. Er muss kämpfen und sich gegen seine Konkurrenten durchsetzen, weil seine Triebe ihn dazu motivieren. Jetzt ist die neurobiologische Forschung allerdings zu dem Ergebnis gekommen, dass ein Trieb, nämlich der nach Bindung und Beziehung, alles andere dominiert. Laut Bauer (2008) ist dieses Bedürfnis sogar wichtiger als das nach Nahrung. Menschen, die isoliert sind, verlieren sowohl ihr Interesse an Nahrung als auch am Leben. Das heißt, soziale Beziehungen können als Grundlage jeglicher Motivation gesehen werden.

Vor nicht allzu langer Zeit ist es gelungen, die Motivationssysteme im Gehirn relativ genau zu beschreiben. Und die Erkenntnis dabei ist eben, dass das menschliche Gehirn in allererster Linie auf soziale Beziehungen und Anerkennung ausgerichtet ist. Die größte Motivation, die es geben kann, sind also gelingende soziale Beziehungen. Das ist doch mal interessant. Auch wenn Tims Verhalten das nicht auf den ersten Blick vermuten lässt, sind das Ziel seines Handelns gelingende soziale Beziehungen. An der Strategie muss er wohl noch arbeiten. Allerdings ist es zunächst die Aufgabe der Eltern, ihm dabei zu helfen.

Aber wie arbeiten diese Motivationssysteme genau? Drei von dem Gehirn produzierte Botenstoffe sind dafür verantwortlich, dass der Mensch Motivation, Lebenswillen, Energie und Lust, an Leistung entwickelt. Da ist zunächst einmal das Dopamin zu nennen. Es macht Lust, etwas zu tun und sich anzustrengen. Dann sind da noch die körpereigenen Opioide. Sie sorgen dafür, dass wir uns gut fühlen. Und zu guter Letzt gibt es das Oxytocin, das sogenannte Bindungshormon, das auch bei der Geburt und beim Stillen ausgeschüttet wird. Diese drei Botenstoffe zusammen bilden einen Cocktail, der »Lust aufs Leben« (vgl Bauer 2008, S. 21) macht. Situationen, in denen das Gehirn diesen Cocktail ausschüttet, werden als positiv bewertet und der Mensch versucht, solche Situationen zu wiederholen. Wenn man sich also mal wieder fragt, warum das Kind dieses oder jenes tut, könnte die pauschale Antwort lauten: »Es scheint sein Motivationssystem im Gehirn dazu zu bringen, körpereigene Drogen auszuschütten.« Bauer schreibt dazu: »Neuste neurobiologische Studien zeigen: Entscheidende Voraussetzungen für die biologische Funktionstüchtigkeit unserer Motivationssysteme sind das Interesse, die soziale Anerkennung und die persönliche Wertschätzung, die einem Menschen von anderen entgegengebracht werden.« (Bauer 2008, S. 21–22) Seelische Eindrücke werden in biologische Signale umgewandelt und schreiben sich somit in den Körper ein. »Studien konnten zeigen, dass soziale Ausgrenzung und Isolation Gene im Bereich der Motivationssysteme inaktiviert. Umgekehrt hat bereits die bloße *Aussicht* auf Anerkennung und Wertschätzung eine massive Aktivierung dieser Systeme zur Folge.« (Bauer 2008, S. 22) *Das bedeutet in letzter Konsequenz, dass gelingende soziale Beziehungen die Voraussetzung für Lernen und Leistung sind!* Denn Anerkennung und persönliche Wertschätzung sind die Voraussetzung dafür, dass das Gehirn die Motivation entwickeln kann, dass wir in einer Tätigkeit aufgehen und uns wohlfühlen. Es bedeutet aber auch, dass unser Verhalten in erster Linie darauf ausgerichtet ist, soziale Beziehungen herzustellen und mit anderen Menschen zu interagieren.

Wenn wir noch mal nach Tims aggressivem Verhalten schauen, wird eine weitere Erkenntnis der Neurobiologie relevant. Aggression ist zunächst mal ein Schutzmechanismus, der Schmerz abwehren soll. »Schmerz ist der einzige jederzeit ›zuverlässige‹, jederzeit wiederholbare Auslöser von Aggression.« (Bauer 2008, S. 32–33) Und jetzt wird es spannend: Naomi Eisenberger, einer amerikanischen Neurobiologin, ist es gelungen, nachzuweisen, dass das Gehirn »zugefügten körperlichen Schmerz auf die gleiche Weise bewertet wie soziale Ausgrenzung oder Demütigung, was zur Folge hat, dass beides – physischer wie psychischer Schmerz – mit Aggression beantwortet wird. Zur körperlichen Unversehrtheit gehört – jedenfalls in der Wahrnehmung des Gehirns – also auch, sozial akzeptiert zu sein« (Bauer 2008, S. 33). Es könnte also sein, dass Tim sauer geworden ist, weil er sich nicht zugehörig fühlte. Es könnte aber auch sein, dass er mal ausprobieren wollte, wie sich die Kombination Schippe auf Kopf anhört, oder dass er das Mädchen nicht leiden konnte, oder im Zweifel ist es natürlich doch wieder eine lange Kette elterlicher Erziehungsfehler, die sich immer besonders ausgeprägt in der Öffentlichkeit bemerkbar machen. So ist man dank der Neurobiologie auch nicht viel schlauer. Und dass Kinder sich immer dann schlecht benehmen, wenn andere zuschauen, weiß man ja aus eigener elterlicher Praxis. Und das hat mit Neurobiologie nur insofern etwas zu tun, als wir dem schlechten Verhalten in der Öffentlichkeit mehr Bedeutung zumessen und es deshalb auch mehr wahrnehmen.

Der Ernst des Lebens

Der Ernst des Lebens geht ja angeblich dann los, wenn die Kinder eingeschult werden. Dann wird nicht mehr gespielt, sondern es wird ernst. Man muss lesen, schreiben, rechnen. Und das alles ist was Ernstes und kein Spiel. Es geht um was und man tut nicht so, als ob, sondern man tut es in echt. Oder muss es eben tun. Gegenwehr unmöglich. Wenn man Sandburgen baut, auf Bäume klettert oder Kastanien sammelt, ist das ein Spiel. Man tut es einfach so, ohne Sinn und Zweck. Man will nichts erreichen und hat kein Ziel, es macht einfach Spaß und man tut es um seiner selbst willen. Wenn man in der Schule sitzt und lernt, ist das aber was anderes. Alle Übungen und Aufgaben macht man nicht um ihrer selbst willen und weil sie einfach Spaß machen, sondern weil man was lernen muss. Schließlich will man irgendwann mal lesen und schreiben können. Ein Lehrer ist auch kein Spielpartner. Er hat ein Ziel und möchte den Kindern etwas beibringen. Auch wenn er seinen Unterricht spielerisch gestaltet, lenkt er dabei die Schüler in eine bestimmte Richtung, damit sie etwas lernen. So ist das halt, wenn es ernst wird. Wie ist es aber, wenn gespielt wird?

Beim Spiel ist das Tun selbst schon der Zweck. Mehr will man gar nicht. Im Spiel begegnen sich die Menschen und schaffen gemeinsam etwas, was nur zwischen ihnen entstehen kann. Was für Außenstehende nur ein einfaches Gebüsch ist, ist für die Spielenden im Verlauf des Spieles zu einer wundersamen und zauberhaften Räuberhöhle geworden. In einem gemeinsamen Tanz aus Vorschlag und Gegenvorschlag entsteht eine neue Welt, die nur den gemeinsam Spielenden zugänglich ist. Und diese Welt ist eine Welt, in der tiefe und bewegende Begegnungen mit anderen möglich werden. Das Besondere dabei ist, dass das Spielen absichtslos ist. Bei diesem

gemeinsamen absichtslosen Tun berührt die Innenwelt des einen die Innenwelt des anderen und daraus entsteht ein gemeinsamer Raum, in dem Begegnung möglich wird. Bei dieser Form von Begegnung wird das Kind auf eine ganz andere Art und Weise berührt, als wenn ein Lehrer vor ihm steht und ihm das Einmaleins beibringen will. Nicht dass das Einmaleins nicht wichtig wäre, aber auch die gemeinsamen Erfahrungen der Verbundenheit, der Begeisterung und der Intimität im Spiel sind wichtig. Bei diesen Erfahrungen lernt das Kind, mit sich selbst und anderen im Einklang zu sein und aus sich selbst heraus zu handeln. Doch zum Leidwesen aller Kinder haben Pädagogen das spielerische Lernen entdeckt. Seitdem steht jedes absichtslose Tun unter dem Verdacht der Zeitverschwendung. Wenn man schon spielt, kann man dabei doch auch gleich was lernen. Darum wimmelt es in den Kinderzimmern von Spielen mit mehr oder weniger versteckten Förderabsichten. Bei einem Spiel lernt man die Farben, bei einem anderen die Formen, wieder ein anderes führt spielerisch ans Zählen heran ... In Büchern findet man keine Abenteuer mehr, sondern Lerngeschichten. Man lernt, wie man streitet oder teilt, wie man die Straße überquert oder dass man nicht lügen soll. Wo lernt man aber, zu leben und nicht nur zu leben, sondern auch das Leben zu lieben? Wo lernt man Muße und Hingabe? Beim Spielen auf dem Spielplatz schult man seine Motorik und entwickelt soziale Fähigkeiten. Beim Singen macht man musikalische Früherziehung und beim Geschichtenhören verbessert man seinen Wortschatz. Hilfe! Kann man nicht mal etwas einfach nur so tun? Gegen den Ernst und für das Spiel? Statt seine Kinder zu coachen und zu therapieren, könnte man doch mal mit ihnen nur rumblödeln, trödeln oder auch mal gar nichts Besonderes tun. Das wäre doch toll: Ich lasse meine Kinder mit versteckten Förderabsichten in Ruhe, in der Hoffnung, dass sie dabei etwas LERNEN?

Halte mich fest, damit ich gehen kann

Dass man bei Kindern mit Logik nicht besonders weit kommt, haben Sie sicher auch schon gemerkt. »Du brauchst eine Mütze, es ist kalt.« »Die Gummistiefel brauchst du heute nicht, es hat 30 Grad und Sonne.« »Wenn du dich jetzt nicht beeilst, kommen wir zu spät.« Alles vergebliche Liebes- müh. Wenn man versucht, bei seinen Kindern mit Logik und Einsicht weiterzukommen, ist das zwar ehrenwert und demokratisch, aber auch zum Scheitern verurteilt. Vielleicht fordert Katja Saalfrank, die ehemalige Supernanny, auch deshalb das Ende der Erziehung. Nachdem sie festge- stellt hat, dass die »Stille-Treppe« und andere entwürdigende Maßnahmen, die zwar funktionieren, nicht vertretbar sind, schlägt sie einen partner- schaftlichen, gleichberechtigten Erziehungsstil vor. Viel Spaß dabei. Aber gut. Man kommt nicht nur bei seinen Kindern mit der Logik nicht beson- ders weit, auch logische Erklärungsmodelle für kindliches Verhalten sind nur sehr bedingt haltbar. So ist ja eine sehr beliebte Annahme die, dass man seine Kinder zu Unselbstständigkeit erzieht, wenn man zu viel Nähe zulässt und ihnen wenig Stress zumutet. Wenn Eltern ihr Kind zum Bei- spiel die ersten drei Jahre zu Hause erziehen, prophezeit ihnen jeder, dass es im Kindergarten gaaaanz schwer werden wird. Das Kind müsse sich schließlich frühzeitig daran gewöhnen, nicht immer am Rockzipfel der Mutter zu hängen. Das klingt logisch, ist aber Quatsch. Wenn Sie einen Marathon laufen wollen, müssen Sie früh mit dem Training beginnen, damit Sie sich daran gewöhnen, weite Strecken zu laufen. Wenn Sie aber wollen, dass Ihr Kind selbstbewusst in den Kindergarten geht, müssen Sie dafür nicht möglichst früh das Abnabeln trainieren. Besser geben Sie ihm möglichst früh möglichst viel Sicherheit. Kinder, die gerne in den Kinder-

garten gehen, müssen sich nämlich nicht an das Verlassenwerden gewöhnen, sondern an das Gefühl von Sicherheit. Das klingt vielleicht nicht so logisch, stimmt aber. Man muss Kinder festhalten, damit sie gehen können. Mit diesem komischen Phänomen beschäftigt sich ein ganzer Wissenschaftszweig, und zwar die Bindungsforschung.

Die Bindungsforschung geht davon aus, dass zwei motivationale Systeme dieses Verhalten, dass Kinder ihrer sicher, selbstbewusst und selbstständig werden, steuern. Nämlich das der Bindung und das der Exploration. Will heißen: Kinder haben ein starkes, biologisch angelegtes Bindungssystem, das bewirkt, dass sie bei Verunsicherung die Nähe einer Bezugsperson aufsuchen. Das schützt ihr Überleben und ist deshalb sehr stark ausgeprägt. Biologisch gesehen sind also kleine Kinder, die den Eltern am Rockzipfel hängen, nicht unselbstständig und verwöhnt, sondern in hohem Maße überlebensfähig. Prima. Das andere System aber, das der Exploration, wirkt dem genau entgegen. Kinder sind neugierig und wollen ihre Umwelt erforschen. Auch dazu sind sie hoch motiviert, wie leidtragende Eltern zu berichten wissen. Allerdings, und das ist der entscheidende Punkt, kann das Kind seinen Drang zur Exploration nur dann ausleben, wenn sein Bindungsbedürfnis befriedigt ist. Das hat die Biologie schlau eingerichtet. Kinder, die sich nicht sicher sind, ob ihre Bezugsperson auch aufmerksam und feinfühlig ist, können nicht einfach drauflosslaufen und die Umwelt erforschen. Sonst würde sie der nächstbeste Tiger verspeisen. Also müssen Kinder erst mal eine haltende, Sicherheit spendende Beziehung erfahren, bevor sie loslaufen und die Welt entdecken können. Und diese Beziehung muss immer wieder, bei allen Verunsicherungen, als sichere Basis genutzt werden können. Nur dann sind Kinder frei zur Exploration und für die Entfaltung all ihrer kreativen Potenziale.

Jetzt sind Kinder allerdings nicht dumm. Zum einen merken sie, wenn die Bezugsperson sie eigentlich gerne mal loswerden würde. »Auf, jetzt geh doch mal, spiel doch, häng nicht immer auf mir ...« usw. Das bewirkt genau das Gegenteil dessen, was sich die Eltern in einem solchen Fall wünschen. Das Kind wird verunsichert und ihr Bindungssystem aktiviert. Auch wenn

Eltern das oft sagen, weil sie fürchten, ihr Kind werde sonst unselbstständig und anhänglich, macht das die Kinder eher noch anhänglicher. Allerdings nur dann, wenn die Kinder sonst eine sichere Bindung zu ihrer Bezugsperson haben. Kinder sind nämlich auch in anderer Hinsicht schlau. Sie passen sich der Bindungsbereitschaft ihrer Eltern an. Auch das schützt ihr Überleben. Eine schlechte Bindung ist besser als keine, weil keine Bindung Lebensgefahr bedeutet. Man muss bedenken, dass Kinder total abhängig von der Fürsorge einer liebevollen Bezugsperson sind. Nicht nur in Zeiten, in denen der Tiger an jeder Ecke lauerte, auch heute noch sind Kinder ohne die wohlwollende Fürsorge einer Bezugsperson bis zu einem gewissen Alter ständiger Lebensgefahr ausgesetzt. Wenn man sich das klarmacht, sieht man auch ein, warum eine sichere Bindung so wichtig für die Zufriedenheit und die optimale Entwicklung eines Kindes ist.

In einer sicheren Bindung kann das Kind, wenn es verunsichert ist, die Bezugsperson aufsuchen und die Bezugsperson reagiert feinfühlig auf die Bindungsbedürfnisse des Kindes. Somit kann sie das Kind beruhigen und die nötige Sicherheit wiederherstellen. Dann ist das Kind wieder bereit, zu spielen, zu lernen, sich zu entwickeln.

Es gibt aber auch Eltern, die aus verschiedenen Gründen Probleme mit dem Bindungsbedürfnis ihrer Kinder haben und eher ablehnend reagieren. Diese Eltern können vielleicht die Nähe selbst nicht so gut aushalten oder sie sind getrieben von der Vorstellung vom selbstständigen Kind. Die Kinder dieser Eltern werden dann, um ihren Eltern weiterhin gut zu gefallen und somit die bestmögliche Versorgung zu erhalten, ihr Verhalten der Bindungsbereitschaft ihrer Bezugspersonen anpassen. Das heißt, sie entwickeln eine »unsicher-vermeidende Bindung« und zeigen ihre Bindungsbedürfnisse nicht mehr deutlich. Solche Kinder wirken dann oft sehr selbstständig und zeigen keine Trennungsangst. Damit erfüllen sie die Erwartungen und Wünsche ihrer Bezugsperson. Messungen des Cortisolspiegels aber ergaben, dass diese Kinder dennoch gestresst sind. Sie zeigen ihren Stress bloß nicht und holen sich somit auch keine Unterstützung. Während sicher gebundene Kinder bei Verunsicherung und Angst in der

Lage sind, die Bezugsperson als sichere Basis zu nutzen und sich somit zu beruhigen und ihren Stress abzubauen, können unsicher-vermeidend gebundene Kinder das nicht. Ihr Stresslevel bleibt also hoch, was negative Auswirkungen auf ihre Gesundheit und ihre Entwicklung haben kann. Und das, obwohl diese Kinder nach außen besonders selbstständig wirken. So viel zur Logik. Oft sind gerade besonders selbstständig und unabhängig wirkende Kinder also besonders gestresst und haben eigentlich das größere Nähebedürfnis als Kinder, die ihre Bindungsbedürfnisse einfach offen zeigen und sie bei einer liebevollen Bezugsperson befriedigen können.

Ein weiteres Bindungsmuster, das die Bindungsforschung beschreibt, ist die »unsicher-ambivalente Bindung«. Bei unsicher-ambivalent gebundenen Kindern geht die Bezugsperson mal feinfühlig auf die Bedürfnisse des Kindes ein, ein anderes Mal reagiert sie ablehnend auf die Annäherung des Kindes. Das verunsichert die Kinder und führt bei ihnen zu ambivalentem Verhalten. Sie suchen zwar die Nähe der Bezugsperson, doch wenn diese sie trösten will, fangen sie an zu strampeln und wollen vom Arm runter. Diese Kinder sind besonders anhänglich und haben große Probleme mit Trennungen. Sie lassen sich auch schlecht wieder beruhigen. Auch diese Kinder sind sehr gestresst und passen ihr Verhalten der Bindungsbereitschaft ihrer Bezugsperson an.

Jetzt überlegen Sie sicher schon, wie es bei Ihrem Kind wohl aussieht. Hat es eine sichere Bindung zu mir? Da kann ich Sie gleich mal beruhigen. Alle drei Bindungsmuster, die sichere Bindung, die unsicher-vermeidende Bindung und die unsicher-ambivalente Bindung kommen vor und sind mehr oder weniger normal. Wobei man sagen muss, dass ein Großteil der Kinder eine sichere Bindung zu mindestens einer Bezugsperson hat. Wenn das Kind allerdings unsicher gebunden ist, bedeutet das noch lange nicht das Ende der Welt und es ist auch kein pathologisches Verhaltensmuster. Eher wird andersrum ein Schuh draus. Eine sichere Bindung schützt Kinder vor Fehlentwicklungen, weil sicher gebundene Kinder bis ins Erwachsenenalter hinein besser in der Lage sind, mit Stress umzugehen, und belastende Lebensereignisse besser bewältigen können. Eine sichere Bindung schützt also, was aber nicht heißt, dass eine unsichere Bindung krank macht. Außerdem sind Bindungsmuster flexibel und orientieren sich an den real gemachten Erfahrungen des Kindes. Wenn Eltern also ihr Verhalten ändern und lernen, feinfühliger auf das Kind einzugehen, kann aus einer unsicheren Bindung eine sichere Bindung werden. Viele Elternschulungskurse setzten genau an diesem Punkt an.[1] Und zu guter Letzt muss die Bindungsperson nicht unbedingt ein Elternteil sein. Auch Kinder, die eine sichere Bindung zu einer anderen Bezugsperson aufbauen können, profitieren von den positiven Auswirkungen. Darum ist es zum Beispiel wichtig, dass ErzieherInnen und LehrerInnen lernen, feinfühlig auf die Bindungsbedürfnisse der Kinder einzugehen.

Eines allerdings steht dennoch fest: Eine sichere Bindung macht stark. Und eine sichere Bindung entsteht dann, wenn die Bezugsperson selbst in der Lage ist, Beziehungen zu anderen Menschen als unterstützend und hilfreich wahrzunehmen, sprich, wenn sie selbst eine sichere Bindungsrepräsentation hat und wenn sie feinfühlig auf die Bedürfnisse des Kindes eingeht. Und Kinder haben nun mal das Bedürfnis nach Nähe, nach Körperkontakt und nach Aufmerksamkeit, was nicht heißt, dass Kinder nicht auch ihre eigenen Erfahrungen machen wollen und auch mal etwas riskieren möchten. Aber dennoch, wenn Ihnen jemand erzählt, Sie verwöhnen und verzärteln Ihr Kind, weil es bei Ihnen im Bett schläft, Sie es tragen, es in den Arm nehmen und ihm Ihre liebevolle Zuwendung schenken: Bitte glauben Sie ihm nicht! Er versucht es bei einem Kind mit Logik und das ist wirklich zum Scheitern verurteilt.

---

[1] Beispielsweise werden bei vielen Familienbildungsstätten SAFE-Elternkurse angeboten. Diese Kurse wurden unter Führung von K. H. Brisch speziell dafür entwickelt, Eltern einen feinfühligen Umgang mit ihrem Baby zu vermitteln. (Vgl. Brisch 2011)

Worte machen die Gedanken

Wenn man im Krieg Bomben auf die unschuldige Bevölkerung wirft, ist das nur ein Kollateralschaden. Seinen Hund schläfert man ein, anstatt ihn umzubringen. Unser Müll liegt im Entsorgungspark und Gefangene werden fixiert. Die Beiträge werden angepasst und nicht erhöht. Das hört sich besser an und ist dann schon gleich nicht mehr so schlimm. Im Fernsehen sagt man lieber, die Soldaten sind gefallen, anstatt dass sie von Bomben zerfetzt wurden. Und das alles nur, weil jeder weiß: Die Worte machen unsere Gedanken. So weit, so gut. Deshalb soll man zu seinem kletternden Kind auch nicht sagen: »Pass auf, du fällst!«, sondern: »Halte dich gut fest!« Dann denkt das Kind eher an »festhalten« als »fallen« und das ist ja bekanntermaßen besser. In diesem Zusammenhang wird auch oft das Beispiel vom blauen Elefanten angeführt: Denken Sie innerhalb der nächsten fünf Minuten nicht an einen blauen Elefanten! Das wird nicht gehen, weil ich diese Assoziation schon in Ihnen geweckt habe. Das Gleiche passiert, wenn ich sage: »Trödel nicht so!«, oder: »Hör auf zu schreien!« Dann wecke ich die Assoziationen langsam und laut, anstatt schnell und leise. Ist klar, das haben die meisten wohl auch schon mal gehört. Die Worte, die wir hören, beeinflussen unsere Gedanken und unsere Gedanken beeinflussen unsere Handlungen. Was heißt das jetzt aber konkret? Vielleicht sollte ich lieber nicht zu meinem Kind sagen, dass es unsportlich ist. Dann denkt es: »Ich bin unsportlich!«, ist in sportlichen Situationen gehemmt, meidet diese, übt nicht mehr und wird tatsächlich unsportlich. So setzt meine Aussage einen Teufelskreis in Gang und wird quasi zu einer sich selbst erfüllenden Prophezeiung. Deshalb sage ich auch nicht »Dummkopf«, »Nervensäge«, »Lahme Ente« und was einem sonst noch so den lieben

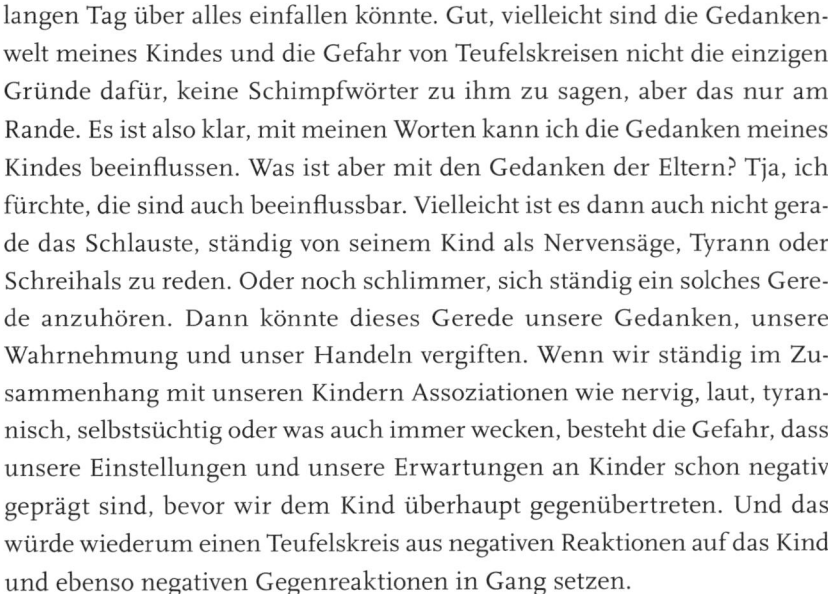

langen Tag über alles einfallen könnte. Gut, vielleicht sind die Gedanken-welt meines Kindes und die Gefahr von Teufelskreisen nicht die einzigen Gründe dafür, keine Schimpfwörter zu ihm zu sagen, aber das nur am Rande. Es ist also klar, mit meinen Worten kann ich die Gedanken meines Kindes beeinflussen. Was ist aber mit den Gedanken der Eltern? Tja, ich fürchte, die sind auch beeinflussbar. Vielleicht ist es dann auch nicht gera-de das Schlauste, ständig von seinem Kind als Nervensäge, Tyrann oder Schreihals zu reden. Oder noch schlimmer, sich ständig ein solches Gere-de anzuhören. Dann könnte dieses Gerede unsere Gedanken, unsere Wahrnehmung und unser Handeln vergiften. Wenn wir ständig im Zu-sammenhang mit unseren Kindern Assoziationen wie nervig, laut, tyran-nisch, selbstsüchtig oder was auch immer wecken, besteht die Gefahr, dass unsere Einstellungen und unsere Erwartungen an Kinder schon negativ geprägt sind, bevor wir dem Kind überhaupt gegenübertreten. Und das würde wiederum einen Teufelskreis aus negativen Reaktionen auf das Kind und ebenso negativen Gegenreaktionen in Gang setzen.

Allerdings leben wir in einer Gesellschaft, die es zu lieben scheint, nega-tive Assoziationen im Zusammenhang mit Kindern zu wecken. Bücher und Zeitschriften, die schon in ihrem Titel darauf hinweisen, wie tyrannisch und furchtbar die Jugend ist, machen immense Auflagen. Eltern klagen sich gegenseitig ihr Leid über ihre unartigen Kinder und Meckern ist sowieso beliebt. Wie wäre es aber, wenn wir mal darauf verzichten würden und unseren Kindern nur noch positive Dinge zuschreiben würden? Wenn wir uns gegenseitig erzählen würden, wie toll und lieb unsere Kinder sind und wie viel Spaß wir mit ihnen haben, anstatt wie stressig es mal wieder war? Wenn nur noch Bücher mit Titeln veröffentlicht würden wie »Kinder sind süß und bereichern unser Leben«? Wenn im Fernseher nicht mehr die gescheiterten Familien, sondern Glück und Idylle gezeigt würden? Würde das vielleicht eine Spirale von positiven Emotionen und Verhaltensweisen in Gang setzen? Würden diese Worte vielleicht auch unsere Gedanken und unser Handeln beeinflussen und das auch noch positiv? Kann sein. Vor allem aber würde es wahrscheinlich dazu führen, dass keiner mehr Bücher liest und fernsieht. Wer interessiert sich schon dafür, wenn alles gut läuft? Stellen Sie sich mal vor, Sie kommen ins Büro und erzählen, dass Sie sich heute Morgen einen Kaffee gemacht haben und der hat köstlich geduftet. Dazu haben Sie ein leckeres Brötchen verputzt und dann sind Sie auf dem Weg zur Arbeit auch noch prima durchgekommen. Das interessiert keinen Menschen. Wenn Sie aber Ihren Kaffee auf das neue Kleid geschüttet haben, dabei Verbrennungen zweiten Grades erlitten haben und das Brötchen einen rostigen Nagel enthielt, ist das schon spannender. So ist das leider. Wenn also keiner hören will, wie toll alles gelaufen ist und wie schön das Leben ist, dann wiederholen Sie es halt für sich im Geiste immer wieder. Wenn aber auch Sie das gar nicht hören wollen, dann versuchen Sie wenigstens, auch bei Ihren negativen Gedanken wegzuhören. Einen Versuch wäre es wert.

Eine Woche nichts Negatives über sein Kind sagen oder denken und sich auch nichts Negatives über Kinder anhören. Alle Gedanken, die schlechte Laune machen und ängstigen, sind verboten. Nur Gedanken, die sich mit Freude, Zuversicht und Dankbarkeit beschäftigen, sind erlaubt. Das wäre ein Meisterstück in Selbstdisziplin. Schaffen Sie das? Ich werde es mal versuchen. Aber Mist, jetzt muss ich erst mal los meinen Kleinen vom Kindergarten abholen und vorher noch einkaufen, was ein Stress. Ach so, Nein! Juhu, es ist Zeit, meinen Kleinen vom Kindergarten abzuholen. Ich freue mich schon auf ihn. Endlich kann ich den Computer ausmachen und ab ins Real Life!

Du bist mein Augenstern!

Kinder sind ausgesprochen süß und der Augenstern ihrer Eltern. Ob Junior gerade sein erstes Häufchen ins Töpfchen gemacht hat oder ob er seinen ersten »Kopffüßer« mit Edding an die neue Schrankwand gemalt hat, es ist einfach wunderbar! Was der schon alles kann! »Mann, du bist ja schon so ein Großer! Super Schatz!« Die absurdesten Dinge können Eltern Entzückungsschreie entlocken. Wie sehr man sich über ein Bäuerchen oder eine vollgekackte Windel freuen kann, wissen nur Eltern. Kinder entwickeln sich rasant und jeder neue Entwicklungsschritt wird von den Eltern wahrgenommen und mit Begeisterung kommentiert. Und das ist gut so! Nicht nur die Eltern erleben eine große narzisstische Bestätigung, wenn ihr Kind gut gedeiht, nein, auch die Kinder merken, wie toll sie sind, wenn Mama oder Papa sich über sie freuen. Die Kinder zaubern den »Glanz ins Auge der Mutter (und des Vaters)« und in diesem Glanz erkennen sie sich selbst. Deshalb sollte dieser Glanz auch nicht von den Tränen ängstlicher Sorge stammen, sondern von der puren Freude an der Lebendigkeit des Kindes. Das Selbst eines Kindes muss sich erst noch entwickeln und dazu braucht das Kind Informationen. »Wer bin ich und was kann ich?« Diese Informationen bekommt das Kind nach Heinz Kohut in erster Linie von den ihm nahestehenden Bezugspersonen. »Damit sich ein derartiges Selbst ausbilden kann, ist die Interaktion von Kind und Mutter von besonderer Bedeutung [...]. Eine Mutter, die sich mit ihrem Kind freut, ihm Interesse entgegenbringt, wird jeder einzelnen Funktion, jedem Entwicklungskern des Selbst, jedem einzelnen Fragment des zukünftigen Selbsts ihre Aufmerksamkeit zuwenden. Sie wird ihrem Kind emotionelles Echo spenden. Sie nennt das Kind auch beim Namen, sodass ihm immer mehr

ein ›selbstbegeistertes Bewusstsein‹ zukommt: Das bin ich selber, der all diese Dinge produziert und/oder erlebt, und dort ist die Mutter, die sich daran freut.« (Valk 1985, S. 69)

Bei der Geburt eines Kindes ist sein Gehirn noch längst nicht ausgereift. Besonders in den ersten zwei bis drei Lebensjahren entwickelt sich das Gehirn noch rasant. Und dieses Gehirn muss mit wichtigen Informationen gefüllt werden. Was das Kind in dieser Zeit am dringendsten lernen muss, ist: Wer sind meine Bezugspersonen? Wie verhalten sie sich? Welche Erwartungen kann ich an andere Menschen haben? Wer bin ich und wie komme ich am besten durchs Leben? Anne Ev-Ustorf schreibt in ihrem Buch »Allererste Liebe«, dass die liebevolle emotionale Kommunikation mit dem Kind die bedeutendste Aufgabe der Bindungsperson in den ersten zwei Jahren sei. »Denn vor allem nach der Geburt, in den ersten zwei Lebensjahren, vollziehen sich die wirklich wichtigen emotionalen Prägungen im Leben eines Menschen. In dieser Zeit wird die Entwicklung der Gefühle beim Kind angelegt und ›brennt‹ sich quasi ins wachsende Gehirn ein.« (Ev-Ustrof 2012, S. 44)

Wenn Eltern sich an den Äußerungen ihres Kindes freuen und diese Freude ausdrücken, sieht das Kind sich selbst mit den Augen der Eltern und entwickelt ein positives Selbstverständnis. Wenn Papa sich so über mich freut, kann ich ja nur toll sein. Das funktioniert allerdings leider auch andersrum. Mama meckert rum und schämt sich für mich. Bestimmt bin ich ein Nichtsnutz. Oder mit Martin Buber gesprochen: »Das Ich entsteht am Du.« Kinder brauchen, damit sich ihr Selbstbild entwickeln kann, ein Gegenüber, in dem sie sich spiegeln können. Die Informationen, die sie durch das Verhalten der anderen über sich selbst bekommen, werden zu ihrem Selbstverständnis. Natürlich ist dieser Prozess niemals abgeschlossen, aber gerade in den ersten Lebensjahren ist das menschliche Gehirn noch besonders offen für neue Eindrücke. Und vor allen Dingen ist ein kleines Kind noch viel mehr auf die Beziehungen zu anderen angewiesen und abhängiger von der Versorgung durch die Bezugspersonen, als Erwachsene es sind. Das Selbstbild, das ein Mensch in den ersten Jahren entwickelt, kann ihn

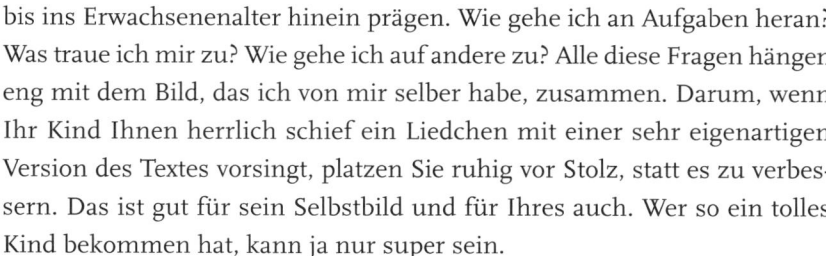

bis ins Erwachsenenalter hinein prägen. Wie gehe ich an Aufgaben heran? Was traue ich mir zu? Wie gehe ich auf andere zu? Alle diese Fragen hängen eng mit dem Bild, das ich von mir selber habe, zusammen. Darum, wenn Ihr Kind Ihnen herrlich schief ein Liedchen mit einer sehr eigenartigen Version des Textes vorsingt, platzen Sie ruhig vor Stolz, statt es zu verbessern. Das ist gut für sein Selbstbild und für Ihres auch. Wer so ein tolles Kind bekommen hat, kann ja nur super sein.

Ein Kopf ist kein Dampfkochtopf

Auf Ihrem Hals befindet sich ein Kopf. Auf dem Hals Ihres Kindes hoffentlich auch. Ein Kopf ist ein Kopf und kein Topf. Darauf können wir uns doch sicher einigen, oder? Komischerweise gehen wir aber davon aus, dass ein Kopf so ähnlich funktioniert wie ein Topf. Wie ein Dampfkochtopf, um genau zu sein. Warum das? Eine lange küchenpsychologische Tradition hat diese Idee in unsere Köpfe eingepflanzt. Wir gehen davon aus, dass sich in unserem Kopf Ärger, Wut und Frustration so lange ansammeln, bis der Druck zu groß wird und wir platzen beziehungsweise kaputtgehen und krank werden. Darum dürfen wir auch nichts in uns hineinfressen, müssen unserem Ärger Luft machen und dürfen nichts verdrängen. Verdrängte Probleme oder in sich hineingefressener Ärger stehen sogar unter dem Verdacht, verantwortlich für Krebs oder Herzinfarkt oder sonstige Übel der Menschheit zu sein. Darum lassen wir alles raus. Darum sind wir ständig authentisch und mies gelaunt. Wenn wir in den Urlaub fahren, wundern wir uns, wie freundlich die da alle sind. Haben die noch nie was von Freud gehört? Das kann doch nicht echt sein und gesund schon gar nicht! Die schlucken doch ihren Ärger nur runter und ihr Lächeln ist sowieso nur gespielt. Da sind wir lieber authentisch und gesund.

Was ist aber authentisch? Wie ist man ganz man selbst? Nach neusten neurobiologischen Erkenntnissen, werden wir erst durch das, was wir tun, zu dem, was wir sind. Das Gehirn des Menschen ist lebenslang plastisch und verändert sich mit seinen Erfahrungen. »Die Synapsen, die Kontaktflächen zwischen den Hirnzellen, werden immer kontaktfreudiger, je öfter sie miteinander zu tun haben. Nervenzellen, die gemeinsam agieren, bekommen einen Draht zueinander.« (Von Hirschhausen 2009, S. 63–64) Auf

Englisch heißt es in diesem Zusammenhang: Fire together – wire together. Wenn wir also den, zunächst noch recht kleinen, Trampelpfad, über den eine Verbindung zwischen den Nervenzellen hergestellt wird, oft genug benutzen, weitet er sich mit der Zeit zu einer regelrechten Datenautobahn aus. Anders gesagt: »Auf die Dauer der Zeit nimmt die Seele die Farbe der Gedanken an ...« (Marc Aurel zit. nach von Hirschhausen 2009, S. 62) Wir sind also nicht einfach mal so »authentisch«, sondern wir sind das, was wir oft denken und tun. Wenn wir also ständig meckern, unsere negativen Gefühle ausleben und den Ärger rauslassen, sind wir auf dem besten Wege, ein Miesepeter zu werden. Wenn wir den ganzen Tag auf der Couch hocken, werden wir ein Couchpotato, wenn wir jeden Tag zum Sport gehen, werden wir eine Sportskanone. Wenn wir mehr Glück und Lebensfreude wollen, brauchen wir nicht unbedingt das neue Auto oder die Gehaltserhöhung, sondern wir müssen zunächst Herr über unsere Gedanken, Worte und Handlungen werden. Denn durch sie werden wir zu dem, was wir sind. Und eine positive Lebenshaltung verlängert das Leben und verbessert die Gesundheit in erheblichem Maße. Klar, nicht immer ist es so einfach. Wenn Ihnen im Krieg die Bomben um die Ohren fliegen oder die Dürre ihre Ernte vernichtet hat, sie schwer krank sind oder was auch immer, hilft positives Denken auch nicht viel. Unter normalen Umständen aber schon. Stellen Sie sich mal vor, Sie ärgern sich über einen Autofahrer, der Ihnen die Vorfahrt genommen hat, oder über eine Mutter, die zuschaut, wie ihr Kind im Sandkasten die anderen Kinder mit Sand bewirft. Ihr Herzschlag wird sich ein wenig beschleunigen, ein paar Stresshormone werden ausgeschüttet und Ihr Blutdruck steigt ein wenig. Wenn Sie jetzt ausrasten, Ihrem Ärger Luft machen und rumschreien, wird Ihr Puls noch mal um einiges höher gehen, sie werden von Stresshormonen überflutet und bekommen einen roten Kopf. Wenn Sie jetzt noch den ganzen verbleibenden Tag über jedem davon erzählen, wie furchtbar das war, wird Ihr Stresspegel den ganzen Tag hoch bleiben. Wie viel besser für Ihre Gesundheit wäre es gewesen, Sie hätten diese Episode als Nichtigkeit abgespeichert, die nicht der Rede wert ist. Zudem üben Sie dabei immer auch was. In dem einen Fall das Aufregen, in dem anderen Fall das Runterkommen. Und das, was Sie ständig üben, werden Sie auch bald perfekt beherrschen. Es ist also gar nicht so schlecht, einmal mehr zu lächeln, selbst wenn es nicht aus tiefstem Herzen kommt, oder einmal freundlicher zu sein als nötig. Dabei üben Sie Freude und Freundlichkeit und verändern Ihre Hirnstruktur. Auch mit Ihrem Kind müssen Sie nicht ständig Probleme besprechen, ihm sagen, was Sie stört und warum Sie genervt sind. Dabei lernt es ja nur, zurückzumeckern und miesepetrig zu sein. Vielmehr können Sie versuchen, seine Wahrnehmung auf positive Aspekte zu richten, ihm vor Augen zu führen, was toll klappt und wie schön die Welt ist. Statt gut darin zu werden, das Haar in der Suppe zu finden, sollten wir üben, uns die Rosinen aus dem Kuchen des Lebens zu picken. Das wäre Gesundheitsprävention, Frühförderung und Lebensbemeisterung vom Feinsten.

TEIL 4

Geht es auch anders?

Mit Kindern neue Wege gehen

Auf der Suche nach dem verlorenen Glück

In ihrem berühmten Buch »Auf der Suche nach dem verlorenen Glück« behauptet Jean Liedloff, dass die zivilisierte Welt ihre Glücksfähigkeit in der Kindheit verloren habe. Und zwar in den Armen der Mütter. Und da könne man sie dann auch wiederfinden. Also man selber vielleicht nicht, aber die zukünftige Generation könnte das. Wenn man sie dort denn mal suchen lassen würde. Um den Kindern auf der Suche nach ihrem verloren gegangenen Glück zu helfen, muss man ihnen also zunächst einmal Zugang zu dem Arm der Mutter verschaffen und übrigens auch zum Bett und zur Brust, da ist nämlich auch noch etwas Glück verloren gegangen. Zu dieser Behauptung ist Liedloff durch die Beobachtung des Yequana-Indianerstammes gekommen. Die Kinder dieses Stammes würden sehr selten weinen und wären überaus zufrieden. Das führt Liedloff auf den Umgang mit ihnen zurück. Auch wenn das dem Buch insgesamt nicht gerecht wird, fasse ich die, für Eltern relevante Kernaussage mal ganz knapp zusammen: Die Kinder der Yequana-Indianer sind deshalb zufriedener und sozialer, weil sie viel getragen werden, nach Bedarf gestillt werden und nicht alleine schlafen müssen. Dieser leicht romantisierende Blick auf die Lebensweise sogenannter »primitiver Völker« legte den Grundstein für einen Erziehungsstil, den wir heute als Attachment Parenting oder als Bindungsorientierte Elternschaft kennen. Wenn auch vieles dafür spricht, dass ein solcher Erziehungsstil den Bedürfnissen kleiner Kinder am ehesten gerecht wird, ist es doch verwunderlich, mit welchem Fundamentalismus sich einige moderne und selbstbewusste Frauen auf eine solch konservative Perspektive einlassen und sich die gute alte Zeit zurückwünschen. Sie meinen damit allerdings nicht die gute alte Zeit, von der unsere Großmütter

reden, wenn sie daran erinnern, dass früher alles besser war. Nein, sie meinen eine noch viel ältere und noch viel bessere Zeit. Nämlich die Steinzeit. Gut, die Meinung, dass in der Steinzeit alles besser war, ist unter normalen Umständen nur sehr schwer zu halten. Die wenigsten würden da zustimmen. Wenn man sich allerdings unter den alternativen Müttern umhört, gehört diese Haltung quasi zum Common Sense. Und es gibt auch wissenschaftliche Beweise dafür, dass diese Mütter nicht völlig durchgedreht sind. Das Stillen bis ins Kleinkindalter beispielsweise bringt nachweislich Vorteile für die Gesundheit des Kindes, auch viel Körperkontakt und das gemeinsame Schlafen sind aus entwicklungspsychologischer Sicht vorteilhaft. Dennoch, es handelt sich dabei um *eine* Möglichkeit. Um eine unter vielen und nicht um eine Religion. Renz-Polster, der Autor von »Kinder verstehen«, sagt in einem Interview in der Zeitschrift »Eltern« zum Thema Attachment Parenting: »Damit Kinder gesund und glücklich groß werden, ist es wichtig, dass sie ihre Eltern als verlässlich, authentisch und feinfühlig erleben. Davon hängt die Qualität der Eltern-Kind-Beziehung ab – und nicht vom Stillen, Tragen oder vom Familienbett.« (zit. nach: Imlau 2013, S. 34) Man könnte auch sagen, es kommt auf den Inhalt und nicht auf die Form an. Und dieser erfrischende Relativismus ist es, der Eltern eine wirkliche Hilfe im Leben sein kann.

Natürlich sollte man seinem Kind viel Nähe und Körperkontakt zugestehen, aber wenn ich jede Menge Taschen schleppen muss oder mir der Rücken wehtut, geht's auch mal mit Kinderwagen. Bio ist besser, aber ein Besuch im Fast-Food-Restaurant hat noch keinen umgebracht (glaube ich). Stillen ist super, aber Säuglingsnahrung kann auch ein Segen sein. Klar, man möchte Antworten und Lösungen: Was soll ich denn jetzt tun? Was ist richtig? Aber spätestens wenn mir jemand erzählen will, er habe ein Patentrezept für die Kindererziehung gefunden, sollte ich skeptisch werden. Und zwar in jeder Hinsicht. Egal, ob mir jemand sagt, ich solle meinen kleinen Tyrannen quasi »auf Kommando« zu Selbstständigkeit und sozialer Anpassung erziehen, oder ob jemand von mir verlangt, mich in eine Vollzeit-Steinzeitmutter zu verwandeln. Beides hat nichts mit der Realität zu tun.

Reale Kinder sind flexibel und kompensieren einiges, reale Eltern müssen nicht perfekt sein, es reicht, wenn sie gut genug sind. Und wenn reale Eltern auf der Suche nach dem verlorenen Glück ihrer Kinder anfangen, Essens- und Schlafensprotokolle zu schreiben, jedes Trotzen zu analysieren und bei jedem Konflikt eine Bindungsstörung vermuten, sind sie sicherlich auf dem besten Weg, ihr eigenes Glück zu verlieren. Leben bedeutet Schwarz und Weiß, Ying und Yang, Lachen und Weinen, Leben und Tod, Konsequenz und Nachgeben, Nähe und Abgrenzung. Und im wahren Leben trifft man echte Menschen, und echte Menschen machen Fehler, fallen hin, stehen auf und gehen weiter. So ist das halt, auch mit Kindern. Darum ist es das einzige Vernünftige, sich frei zu machen von jeglichem Fundamentalismus, den gesunden Menschenverstand sprechen zu lassen und das Leben in all seiner Lebendigkeit zu leben. Also auf ins Abenteuer!

Du sollst es später einmal besser haben!

Generation für Generation mühen sich Eltern ab, damit es ihre Kinder einmal besser haben werden als sie. Eltern wünschen sich, dass es ihren Kindern später einmal besser gehen wird, als es ihnen ergangen ist. Man will nicht die Fehler der Großelterngeneration wiederholen, keine Chancen und keine Fördermöglichkeiten verpassen, den Kindern etwas bieten usw. Seit Menschengedenken versuchen Eltern etwas für die nächste Generation zu erschaffen. Sie sammeln Reichtümer an, verheiraten ihre Kinder in wohlhabende Familien, achten auf ihre Ausbildung und tun, was sie können, damit es den Kindern später einmal besser geht. Wie dieses »Besser« aussehen sollte, war bis vor wenigen Jahren klar wie Kloßbrühe. Besser war immer auch mehr. Die Kinder sollten mehr Wohlstand haben, mehr Essen und mehr Luxus. Das war das Ziel. Das war offensichtlich und daran konnte man sich noch bis vor ein paar Jahren orientieren. Aber dieses »Besser« hat irgendwie ausgedient. Wenn wir weiterhin das gleiche »Bessere« für unsere Kinder anstreben, wird dieses »Bessere« bald zu ihrem Untergang. Wir können nicht ernsthaft wünschen, dass unsere Kinder noch mehr essen und noch mehr konsumieren, als wir es tun. Zu Zeiten, da zumindest in unserem Kulturkreis die Wohlstandserkrankungen eine der Haupttodesursachen sind und unser Planet kurz vor dem Kollaps steht, müssen wir langsam beginnen, darüber nachzudenken, wie das neue »Besser« für unsere Kinder aussehen könnte. Mehr Konsum und mehr Reichtum wird unseren Kindern nicht das erhoffte Glück bringen.

Die Glücksforschung besagt, dass, sobald die Grundbedürfnisse ausreichend gesichert sind, mehr Reichtum nicht gleichbedeutend mit mehr Glück ist. Für das Glücksempfinden und für ein erfülltes Leben spielen andere Faktoren, die im Inneren des Menschen liegen, eine weitaus größere Rolle als materieller Wohlstand. Gelingende Beziehungen, die Gemeinschaft mit anderen, Natur, Bewegung und die Fähigkeit, sich zu begeistern, sind für ein glückliches Leben elementar. Die positive Psychologie und die Neurowissenschaften haben inzwischen hinreichende Belege dafür, dass gemeinsames Tun, Hilfsbereitschaft, Zugehörigkeit, Mitgefühl, Kooperation und Dankbarkeit wesentlich dafür verantwortlich sind, wie zufrieden und gesund ein Mensch ist. Allerdings profitiert nicht nur der einzelne Mensch davon, sich in einer Gemeinschaft zu engagieren, hilfsbereit zu sein und sich für eine gute Sache zu begeistern, nein, auch die gesamte Menschheit und unser Planet würden davon profitieren. Mit unserem Streben nach Konsum, Wachstum, »Fun« und »Event« zerstören wir nicht nur die Umwelt, in der wir leben, sondern fügen auch einem großen Teil der Menschheit Leid zu. Sowohl die Erkenntnis, dass Konsum langfristig nicht glücklich macht, als auch das Wissen darum, dass wir mit unserem Konsum jede Menge Schaden anrichten, sind weithin bekannt. Das ist ja nichts Neues. Aber offensichtlich haben diese Tatsachen noch keinen Niederschlag in unseren Denkmustern gefunden. Wir denken in Kategorien des Wettbewerbs, der Konkurrenz, »Jeder gegen jeden« und »Der Stärkere gewinnt«. »Jeder ist seines Glückes Schmied« und »Wer zuerst kommt, mahlt zuerst«. Selbstverwirklichung und Selbstoptimierung sind die Ziele unserer Zeit. Unser Denken dreht sich um uns selbst. Ich, meins, mir – das ist meine Welt. Und so erziehen wir auch unsere Kinder. »Bätsch, meiner kann schon laufen!« »Und meine schläft schon längst durch!« »Er soll selbstständig werden und lernen, sich durchzusetzen.« Bloß nicht zu sehr verwöhnen, sonst wird das Kind abhängig und verweichlicht. Auch unser Schulsystem ist auf Konkurrenz ausgerichtet und arbeitet nach dem Motto »Survival of the fittest«. Selbst die Wissenschaft denkt in diesen Kategorien. Die eine Art setzt sich gegen die andere durch, das Leben ist ein Kampf um knappe Ressourcen und nur der Stärkste gewinnt. Dass dies aber nur ein Teil der Wahrheit ist, wird oft vergessen. Unzählige Systeme und Lebewesen sind auf Kooperation und Gemeinschaft ausgerichtet. Der eine kann oft nicht ohne den ande-

ren, und wenn nicht jeder etwas gibt, leidet das ganze System darunter. Alles, was passiert, ist die Folge zahlloser Ursachen und Umstände und die Welt ist ein System aus wechselseitigen Abhängigkeiten. Auch das ist wahr. Es ist nicht so, dass die Wirklichkeit nun mal so ist und dass wir unsere Kinder für diesen Kampf rüsten müssen, nein, wir machen die Wirklichkeit erst so, wenn wir sie nur aus der Perspektive des Gegeneinanders betrachten. »Im Zeithalter der Globalisierung ist es an der Zeit für uns zu erkennen, dass unser aller Leben zutiefst miteinander verknüpft sind und dass unser Verhalten eine globale Dimension hat.« (Dalai Lama 2011, S. 107)

Gerald Hüther hat es einmal etwa so ausgedrückt: Der Mensch ist darauf ausgerichtet, in Verbundenheit zu wachsen. Das ist das Prinzip, nach dem das Kind neun Monate lang im Bauch der Mutter lebt, das ist aber auch das, was der Mensch nach der Geburt braucht und sucht. Das Belohnungssystem im menschlichen Gehirn springt auf solche Situationen, in denen Wachsen in Verbundenheit möglich ist, an. Erst wenn solche Möglichkeiten nicht gegeben sind, so Hüther, suchen sich das Gehirn und somit auch der Mensch, Ersatzbefriedigungen. Und das sind die Momente, in denen Konsum seine Bedeutung erlangt. Auch Konsum kann das Belohnungssystem aktivieren, allerdings nicht so nachhaltig und lang anhaltend wie zwischenmenschliche Beziehungen (vgl. Hüther 2011).

Jetzt wissen wir aber, dass der Konsum uns langfristig in den Ruin treibt. Wir wissen aber auch, dass unsere Denkmuster auf Konsum, Konkurrenz und Ich-Bezogenheit ausgerichtet sind. Wenn wir diese Erkenntnisse ernst nehmen, wäre ein radikales Umdenken vonnöten. Aber mit dem Umdenken ist das so eine Sache. Unsere Denkmuster werden von Generation zu Generation weitergegeben und durch Kultur und Sprache eingeprägt. Dass aber unser Denken nicht naturgegeben ist, machen uns andere Völker vor. Es gibt Völker, in denen die Gemeinschaft weitaus mehr zählt als das Individuum, und es gibt sogar Sprachen, in denen es keine adäquate Übersetzung für das Wörtchen »Ich« gibt. Dass die Denkmuster dieser Menschen anders sind als unsere, kann man sich vorstellen. Dass solche Denkmuster ebenfalls unerfreuliche Auswüchse annehmen können, kann man sich auch vorstellen, und es ist sicher nicht erstrebenswert und möglich, unsere Kinder auf einen solchen radikalen Gemeinsinn zu polen. Und dennoch sollten wir darüber nachdenken, ob, wenn wir das Beste für unsere Kinder wollen, es nicht noch andere Werte geben könnte als immer nur Selbstständigkeit und Selbstbehauptung. Sollen wir unseren Kindern helfen, sich einen Platz möglichst weit vorne im Kampf ums Überleben zu sichern, oder sollen wir sie lehren, anderen die Hand zu reichen und gemeinsam ins Ziel einzulaufen? In einer Zeit, da die meisten Probleme nur mit globalen Lösungen zufriedenstellend gelöst werden können und in der es längst nötig wäre, den Blick von den eigenen regionalen Interessen auf die Interessen der gesamten Menschheit zu richten, bräuchte es auch Menschen, die die Größe dafür haben.

Zweimal logisch

Wenn ich Ihnen was erkläre und das ist logisch, dann ist es wohl auch wahr, oder? Sollte man zumindest meinen. Probieren wir das mal aus. Stellen Sie sich mal vor, Sie tragen Ihr Kind bei einem Spaziergang auf den Schultern. Es fängt an, an Ihren Ohren zu ziehen, und versucht Sie somit zu lenken. Wenn Sie nicht in die gewünschte Richtung gehen, macht es ein riesiges Theater. Das können Sie sich doch auf keinen Fall bieten lassen, oder? Wenn es damit durchkommt, wird bald jeder Ausflug zum Spießrutenlaufen. Das Kind lernt, dass es nur genug Theater machen muss, um seine Eltern zu manipulieren. Bald wird es, immer wenn es seinen Willen durchsetzen will, dies mit Geschrei tun. So erzieht man sich einen Tyrannen heran, der nicht in der Lage ist, Rücksicht auf die Bedürfnisse anderer zu nehmen. Damit Ihr Kind lernt, andere Menschen zu respektieren, muss man ihm Grenzen aufzeigen und manchmal auch hart durchgreifen. Das ist doch logisch, oder? Wie kann ein Kind rücksichtsvolles Verhalten lernen, wenn die Eltern bei solchen Frechheiten nachgiebig sind?

Wenn ich Ihnen jetzt aber erzähle, dass dieses freche Kind, das seine Mutter an den Ohren zog und großes Geschrei machte, wenn sie nicht tat, was es wollte, der Dalai Lama war, wird es etwas verzwickter. Es kommt nämlich eine zweite Logik ins Spiel. Der Dalai Lama beschreibt diese Episode in seinem Buch »Rückkehr zur Menschlichkeit«, um zu zeigen, wie sanft und warmherzig seine Mutter war. Er geht nämlich von folgender Logik aus: Die Fähigkeit der Mutter zu bedingungsloser Liebe ist biologisch angelegt und versetzt sie in die Lage, sich trotz Schmerzen oder Erschöpfung aufopferungsvoll um ihr Kind zu kümmern. Da wir alle Menschen sind, die als kleine Kinder auf eine liebevolle Bezugsperson angewiesen waren, ist auch in uns allen die Fähigkeit zu Mitgefühl angelegt, auch wenn sie vielleicht durch schlechte Umstände verschüttet wurde. Wenn sich eine Mutter liebevoll und mitfühlend um ihr Kind kümmert, lehrt sie es somit, ebenfalls mitfühlend zu sein, und legt in ihm die Saat, aus der sich unvoreingenommenes Mitgefühl entwickeln kann (vgl. Dalai Lama 2011, S. 67–69). Anders ausgedrückt: Das, was man bekommt, kann man später auch weitergeben.

Eine andere Sicht auf die gleiche Situation. Aber irgendwie kann man sich auch dieser Logik nicht ganz entziehen, oder?

Gefahrenabwehr

Wenn man Kinder hat, kann ständig was passieren und zwar meistens gleich das Schlimmste. Und damit das eben nicht passiert, passen wir gut auf. Wir tun alles Menschenmögliche, um all die Gefahren, die auf unsere Kinder lauern, abzuwehren. Gegen Eltern ist jeder Katastrophenschutz ein Witz. Eltern wissen, was passieren kann und handeln unverzüglich. Das Denken von Eltern kreist um das zerbrechliche und potenziell entwicklungsgefährdete Kind. Alles wird von der Angst bestimmt, dem Kind könnte etwas passieren und ein Gefahrenvermeidungsplan wird ins Leben gerufen. Wir stillen, damit das Kind keine Allergien bekommt. Wir gehen zum Turnen, damit das Kind nicht dick wird. Wir gehen raus, damit das Kind Vitamin D bekommt. Wir essen Bio, damit wir unser Kind nicht vergiften. Wir widmen unser Leben der Gefahrenabwehr, damit wir später nicht sagen müssen, wir hätten etwas falsch gemacht. So ist das. Machen Sie sich mal den Spaß und googeln Sie ein beliebiges Erziehungsthema, das Sie momentan beschäftigt. Ich bin sicher, Sie erfahren innerhalb kürzester Zeit das, was alles passieren kann, wenn Sie dies oder jenes tun oder unterlassen. Bewegung schützt vor Übergewicht, Erziehungsmaßnahmen vor Verhaltensauffälligkeiten und Fernsehen macht dumm. Brettspiele hingegen machen schlau, was ja gut wäre, müsste man nicht ständig Angst haben, zu wenig zu spielen und deshalb nicht schlau genug zu werden. Während die Angst unser Denken beherrscht, schulen wir nicht die Tugenden, sondern bekämpfen das Schlechte. Wer jetzt meint, das sei doch Erbsenzählerei, und wenn man das Schlechte bekämpfe, komme doch automatisch das Gute zum Vorschein, der sollte sich mal ernsthaft fragen, ob ihm die Abwesenheit von Schlechtem für ein gutes Leben genug ist.

Reicht uns die Abwesenheit von Schaden für ein erfülltes Leben? Das wäre wohl immerhin ein Anfang. Es ist aber so, dass wir mit unserem Fokus auf der Abwehr von Gefahren das Gute aus dem Blick verlieren. Und das hat erhebliche Folgen für unsere Denkgewohnheiten. Wenn man die Funktionsweise unseres Gehirns in den Blick nimmt, sollte man es tunlichst vermeiden, sich allzu sehr mit negativen Dingen aufzuhalten. Nervenbahnen und Vernetzungen, die häufig genutzt werden, werden stärker und bauen sich aus. Denken wir häufig an all das Schlimme, was passieren kann, werden diese Denkmuster immer stärker und negative Gedanken werden zur Gewohnheit. Wenn man allzu häufig darüber nachdenkt, was man tun muss, damit seinen Kindern dies oder jenes nicht passiert, erzeugen diese Denkmuster Angst und Stress. Da wir dann häufig Dinge, die unsere Kinder betreffen, mit Stress verknüpfen, spielt sich diese Verknüpfung ein, die Verbindung zwischen Stress und Kind in unserem Gehirn wird immer stärker und wir empfinden die Kindererziehung als äußerst belastend. Es ginge aber auch anders. Wir könnten uns auf das Gute konzentrieren und unsere Aufmerksamkeit entsprechend lenken.

Wir könnten uns zum Beispiel auf die Liebe, die wir zu unseren Kindern empfinden, konzentrieren oder auf ihr Lachen, darauf, wie gut sie riechen oder wie süß sie aussehen und wie viel Freude wir an ihnen haben. Das ist recht leicht und würde die Verknüpfung zwischen Kind und Freude in unseren Hirnen stärken. Ohne allzu viel Aufwand, denn ich verlange ja nicht gleich, dass Sie beim nächsten Mal auf dem Weg zum Supermarkt, wenn Ihr Kind Ihnen mal wieder jede Blume und jedes Hündchen zeigt und alle drei Meter stehen bleibt, dies als Möglichkeit für Ihre spirituelle Weiterentwicklung betrachten. Sie müssen nicht gleich denken, mein Kind lehrt mich Achtsamkeit und Geduld. Auch die Tatsache, dass Sie Ihr Kind auf dem Rückweg samt Einkauf tragen müssen, müssen Sie auch nicht gleich als Lehrstunde in Aufopferungsbereitschaft und Demut betrachten, aber helfen würde es schon. Kinder machen Spaß!

Keine Zeit

»Dafür haben wir jetzt wirklich keine Zeit, wir kommen sonst zu spät! Los, beeil dich! Trödel nicht so rum! Schnell, schnell!« Kinder sind furchtbar langsam. Um mit einem Kind von A nach B zu kommen, braucht man mindestens doppelt so lange wie ohne Kind. Und das auch nur, wenn es gut läuft. Mitten auf dem Weg setzen sich Kinder hin und beobachten Ameisen, hängen sich an Geländer, balancieren auf Mauern, treten in Pfützen herum oder was auch immer. Auf jeden Fall gehen sie nicht weiter. Sie scheinen zu glauben, dass sie ewig Zeit haben. Haben sie aber nicht. Jedes Leben ist endlich, auch das der Kinder. Also schnell. Denn wer schneller lebt, schafft mehr Leben in der gleichen Zeit und hat dann auch noch Zeit dafür, das zu tun, was ihm Spaß macht. Darum müssen wir Gas geben. Wir müssen früher mit der Förderung anfangen, wir müssen den Kindern in kürzerer Zeit mehr beibringen und wir dürfen keine Zeit verlieren. Aber kann man Zeit verlieren? Oder Zeit sparen? Spare ich Zeit, wenn ich auf dem Weg zum Kindergarten darauf verzichte, mir einen Bachlauf genau anzuschauen oder verliere ich gar wichtige Zeit und spare am Leben? Wie dem auch sei, auf jeden Fall komme ich zu spät. Und das geht nicht, außerdem ist Trödeln was für Faule. Und Faulheit ist eine Sünde. Drum bemühen wir uns, wie Hermann Hesse so schön sagte, den Kindern von Kindesbeinen an einen Zustand gezwungenen atemlosen Angestrengtseins als Ideal einzuflößen. Nur wer ordentlich geschwitzt hat, hat auch was geleistet. Erst die Arbeit, dann das Vergnügen. Nur durch Effizienz und Schnelligkeit lässt sich finanzieller Erfolg erzielen. Unseren Wohlstand haben wir uns nicht erfaulenzt, sondern ihn durch die Beschleunigung ökonomischer Prozesse erarbeitet. Immer mehr produzieren in der gleichen Zeit. Also hopp, hopp an die Arbeit. Keine Zeit verlieren.

Aber gilt das, was für die Wirtschaft gilt, auch für die Kultur, die Erziehung und die Bildung? Lernt der, der schneller lernt und den Wissenserwerb effektiviert auch mehr? Kann man schneller und effektiver lieben, genießen, sich freuen? Oder zwingt uns gerade die Langsamkeit dazu, genauer hinzuschauen und unsere Sinne zu schärfen? Geschehen Liebe und Erziehung vielleicht sogar durch Momente der Langsamkeit? Und können wir uns das Zeitsparen eigentlich sparen? Auf jeden Fall ist Müßiggang irgendwie aus der Mode gekommen. Nur bei den Kindern nicht. In ihnen lebt noch der Geist der alten Griechen, die die Arbeit als niedere Tätigkeit ansahen und fanden, dass nur der, der die Freiheit hat, sich dem Müßiggang zu widmen, seine wahren Qualitäten entfalten kann. Aber warum hetzen wir eigentlich so? Damit wir mehr schaffen, mehr bekommen und mehr erreichen, um uns dann ein gutes Leben leisten zu können. Uns geht es wie dem Touristen in Heinrich Bölls Anekdote über die Senkung der Arbeitsmoral. Der Tourist beobachtet einen Fischer, der trotz günstigster Bedingungen nicht zum Fischen rausfährt, sondern lieber in der Sonne döst. Das scheint ihm unerträglich töricht, weshalb er dem Fischer rät, doch jede Gelegenheit zu nutzen, einen guten Fang zu machen und reich zu werden. Der Fischer fragt daraufhin, was denn dann sein soll, wenn er reich geworden wäre. Dann, so sagt der Tourist, können sie sich hierhin setzen und das Leben genießen. »Das aber tue ich doch sowieso schon«, erwidert daraufhin der Fischer. Auch wieder wahr. Also lieber gleich Tempo runter, statt ordentlich Gas zu geben, damit man sich den teuren Wellnessurlaub und den Kurs in Achtsamkeit auch leisten kann? Vielleicht sollten wir öfter mal hinschauen, was unsere Kinder für eine Leistung vollbringen, wenn sie ausgiebig trödeln. Das ist ein Meisterstück in Achtsamkeit und Entschleunigung. Auch wenn Kinder spielen, tun sie dies eben ohne dieses gezwungene atemlose Angestrengtsein, sondern mit Leichtigkeit und Freude. Und das ist ein Schatz. Das Gefühl, dass nur wer sich anstrengt, etwas leistet, dass Gutes auch schwer sein muss und dass man effizient und schnell sein

muss, bekommen die Kinder noch früh genug eingetrichtert. Drum mache ich es mir heute zur Aufgabe, die Leichtigkeit des Seins zu zelebrieren, setze mich neben mein Kind in den Sandkasten, lasse den Haushalt liegen, bin nicht effektiv, lasse die Gedanken schweifen und warte darauf, dass mich die Muße küsst.

Bereit fürs Leben

Sind Sie schon bereit fürs Leben oder fehlt Ihnen noch diese oder jene Qualifikation, damit es endlich losgehen kann? Müssen Sie noch dies oder jenes anschaffen oder noch schnell das eine oder andere lernen, damit Sie endlich losleben können? Oder warten Sie auf den Urlaub, den neuen Job oder den Lottogewinn? Wer weiß, irgendwann wird das Leben aber sicher anfangen und deshalb müssen wir vorbereitet sein.

Auch unsere Kinder müssen auf das Leben vorbereitet werden. Die Kindergärten, die Schulen, die Freizeiteinrichtungen und alles, was wir unseren Kindern so antun, erlangt seine Existenzberechtigung daraus, dass es die Kinder auf das Leben vorbereitet. Als ob sie nicht eh schon leben würden. Aber das meinen wir ja nicht, wir meinen das richtige Leben, das irgendwann losgeht. Oder von dem wir erwarten, dass es irgendwann losgeht. Aber wie merken wir eigentlich, dass das richtige Leben losgeht? Geht das Leben, auf das wir unsere Kinder vorbereiten müssen, dann los, wenn sie in das Berufsleben eintreten? Wenn sie einen Job haben und Geld verdienen? Wenn sie nicht mehr spielen, sondern arbeiten? Und ist diese Vorbereitung geglückt, wenn das Kind erfolgreich ist? Irgendwie schon, man will ja, dass das eigene Kind gut abschneidet, ein gutes Leben führen kann und keine Sorgen hat. Ehrlich gesagt ist Platz eins gerade gut genug für den eigenen Nachwuchs. Denn dann kann das Leben losgehen. Aber was geht dann eigentlich los, wenn das Leben losgeht? Man macht einen Job, der mehr oder weniger sinnvoll ist und mit dem man in der Regel mehr Schaden als Nutzen anrichtet, um dann Geld zu verdienen, das man dafür ausgeben kann, dass noch mehr Menschen noch mehr sinnlose Jobs machen, die noch mehr Schaden anrichten. Hm. Das soll das richtige Leben sein?

Komischerweise ist die Arbeit so wichtig geworden, dass wir alle ganz scharf darauf sind. Obwohl die Arbeit laut Hannah Arendt die Tätigkeit ist, in der wir uns am wenigsten von den Tieren unterscheiden. Während der Mensch beim gemeinsamen Handeln soziale Bezüge stiftet, durch die etwas Neues entstehen kann und er beim Herstellen Dinge erschafft, die von Dauer sind, verrichtet er beim Arbeiten nur die Notdurft des Lebens. Will heißen, er arbeitet, um zu überleben, und muss dies immer und immer wieder tun und wird dadurch unfrei. Wer ständig arbeiten muss, um was zu futtern und ein Dach über dem Kopf zu haben, kann sich keinen anderen Dingen widmen und lebt wie ein Tier. O.K., ganz so kann man das vielleicht nicht sagen, aber es ist doch schon etwas komisch, dass wir so versessen aufs Arbeiten sind, dass wir unsere Kinder schon von Geburt an auf das Funktionieren in der Arbeitswelt abrichten wollen. Klar, man braucht Geld. Arbeit vielleicht weniger, aber Geld braucht man schon. Und zwar umso mehr, je weniger man selber machen kann. Zwar erleichtern uns alle möglichen Maschinen, Geräte und Dienstleistungen das Leben, aber sie machen uns auch abhängig. Denn wir brauchen Geld, um das alles in Anspruch nehmen zu können. Und dieses Geld müssen wir verdienen. Und dafür müssen wir Jobs machen, die in der Regel wenig Sinn stiften und viel Schaden anrichten. Und so wird es auch unseren Kindern gehen. Und damit sie es etwas leichter haben werden in diesem Wahnsinn, wollen wir sie fit fürs Leben machen.

Aber auch wenn uns die äußere Welt bestimmte Zwänge auferlegt, sollten wir hin und wieder innehalten und uns die Frage stellen, die sich Erwin Wagenhofer, der Regisseur des Dokumentarfilms »alphabet«, gestellt hat: »Was wollen wir für unsere Kinder, welches Leben sollen sie einmal führen? Ihr eigenes oder jenes, das uns schon nicht glücklich gemacht hat?« Vielleicht gibt es ja tatsächlich Möglichkeiten, andere Wege zu gehen. In dem Artikel »Bildung braucht Gastlichkeit« schreibt Marianne Gronemeyer, dass wir überall »Nischen finden und gründen sollten, die sich gegen die Zumutung der paradoxen Anforderungen sperren, gastliche Orte eben, da wir uns versammeln, um freundschaftlich und aufeinander hörend miteinander nachzudenken. Es geht wohl nicht darum, es etwas besser zu machen, sondern es ganz anders zu machen, im Abseits, im Windschatten, bei jeder Gelegenheit« (Gronemeyer 2013, S. 9). So meint sie, könne sinnvolle Bildung, ja sinnvolles Leben gelingen. Einen Versuch wäre es wert. Und wenn es nur das wäre, anzuerkennen, dass die Vorbereitung auf das Leben schon das Leben selbst ist.

Das Leben ist ein Ponyhof

Ich weiß, Sie haben schon anderes gehört, aber ich sage Ihnen jetzt mal was: Das Leben *ist* ein Ponyhof! Es ist und bleibt ein Ponyhof! Draußen blühen die Blumen, es weht ein leichter Wind, die Sonne scheint, die Kinder spielen im Garten, juchheißa ist das schön! Mein Glas ist nicht nur halb, sondern sogar ganz voll und das Gras auf der anderen Seite des Zauns ist auch nicht grüner! Juchhu! Ich liebe die Welt und die Welt liebt mich! Wenn Sie sich jetzt fragen, was ich für Drogen nehme, und vor allem, ob Sie die auch bekommen können, dann kann ich Ihnen gleich mal sagen: Die Antwort lautet JA! Es ist genug für alle da! Das Zauberwort heißt »Metta«. Und Metta kann man lernen, und zwar von Buddha. Metta und Buddha, Lätta und Butter, das fette Leben kann beginnen, der Tisch ist reich gedeckt! Das Herz ist offen und der Kosmos wird durchgeliebt. Metta ist die Meisterschaft in perfekter Gutwilligkeit, es ist Mitgefühl in ungeahnter Intensität, »alles umfassende Gutherzigkeit, spontane freundliche Zuwendung zu allen Wesen« (Huhki 2013, S. 19). Love is in the air ... oh oh oh uh and makes me happy!

Ja, und Metta gibt es auch für dich, für mich, für alle! Henri Quelcun fordert, dass diese Form der Herzensbildung auch an den Schulen gelehrt werden soll. Um das zu lernen, soll man sich in den Meditationssitz setzen, sich konzentrieren und zunächst seine ganze Zuneigung und Liebe auf sich selbst richten. »Dann auf eine befreundete Person, eine neutrale, eine unausstehliche, dann auf alle miteinander.« (Huhki 2013, S. 19) Dann bezieht man nichtmenschliche Wesen ein und durchstrahlt »den ganzen Kosmos nach vorne, hinten, links, rechts, oben, unten mit immer stärkerer Zuneigung« (Huhki 2013, S. 19). Und merkt, dass selbstlose Liebe kein Limit

nach oben hat. Uff! Und dabei wird man happy, ja so happy! Versuchen Sie das mal. Nach einer geglückten »Metta-Meditation« fühlen Sie sich, als könnten Sie die ganze Welt umarmen, Ihr Körper wird mit Endorphinen überflutet und Sie lieben jeden. Und das, so Henri Quelcun, sollte an jeder Schule gelehrt werden. Vorm Bio-Unterricht ein paar Minuten Tier- und Pflanzenliebe-Meditation, im Mathe-Unterricht eine kleine Dankbarkeits-Meditation für Euklid und seinen wundervollen Beweis dafür, dass es unendlich viele Primzahlen gibt … Ja, warum nicht? Laut Krishnamurti ist das Aufblühen der Güte sowieso das einzige Zeichen für wirkliche Kultur. Darum sei die Art, wie wir leben, auch die unsinnigste überhaupt. Wir würden uns zu viel mit Problemen der Energieversorgung, der Umweltverschmutzung usw. beschäftigen und uns viel zu wenig um den menschlichen Geist sorgen. Der Mensch hätte eh schon genug Wissen angesammelt, das ihn aber nicht dazu gebracht hat, gütig zu sein. Deshalb sei dieses Wissen völlig bedeutungslos. Die eigentlich Frage sollte lauten: »Lebt [der Mensch] in einer Kultur, die die Schönheit der Güte in ihm zum Blühen bringen wird?« (Krishnamurti zit. nach: Huhki 2013, S. 19)

Nun, diese Frage müssen wir für unsere Kultur wohl verneinen. Und das heißt, dass wir nach dieser Logik zu dem Schluss kommen müssten, dass alles, was diese Kultur uns lehrt, ohne Bedeutung ist. Also mehr Metta an den Schulen! Wir brauchen einen »PISA-Test« für Herzensbildung und müssen den Lehrplan nach dem Zugewinn an Güte beurteilen, um unsere Kultur zu retten. Die schöne heile Welt kann kommen! Abgesehen davon, dass das an der Realität einigermaßen vorbeigeht, wäre das doch wunderschön! In einer Gesellschaft, die auf Konkurrenz und Profitstreben aufgebaut ist, wäre ein Lehrplan, der allumfassende Güte lehrt, allerdings mehr als paradox. Unsere Kinder müssen lernen, dass der Verstand mehr zählt als das Herz und dass das Ich vorm Wir kommt. Da ich aber immer noch ein bisschen high von meiner Metta-Meditation bin, suche ich mir eine stille Ecke, in der ich das noch mal probieren kann. Lass die Kinder vor und an die Macht, ich bin zu high dafür. Love is in the air, in the rising of the sun, Love is in the air, when the day is nearly done …

Ich bin am Ende

Ja, was soll ich sagen, das Buch ist fertig, wir sind am Ende. Fast ein Jahr habe ich an diesem Buch gearbeitet und die Waldspaziergänge sind trotzdem nicht gerade einfacher geworden. Auch Restaurantbesuche und Familienfeiern wären mit Hund wohl einfacher zu bewerkstelligen als mit Kind. Trotzdem haben wir uns keinen Hund angeschafft. Ein weiteres Kind könnten wir uns aber vorstellen. Und nicht, weil sich unser Kind verändert hat, sondern unsere Einstellung hat sich geändert. Auf Facebook habe ich vor Kurzem einen Spruch gelesen, der ungefähr besagte, dass es oft schwer sei zu ertragen, wenn die eigenen Kinder nicht die gesellschaftlichen Erwartungen erfüllen, und man dann geneigt sei, sie der Erwartung entsprechend zu dressieren. Wenn man sich aber klarmache, dass die Erwartungen nicht zu den Bedürfnissen und Voraussetzungen der Kinder passen, wird schnell klar, auf welcher Seite man lieber stehen möchte. So ist es wohl. Schnell ist man als Elternteil geneigt, sein Kind den gesellschaftlichen Erwartungen entsprechend zu belehren und zu korrigieren. Das Kind soll nicht so verwöhnt sein, nicht so tyrannisch, nicht so unselbstständig. Gleichzeitig soll es schön brav und süß und nett sein, schlau muss es sein und natürlich seinem Alter weit voraus. Ein solches Kind zu haben zeichnet die Eltern aus. Man ist stolz und tut alles dafür, sein Kind zu fördern. Aber passen die Erwartungen, die an die Kinder herangetragen werden, wirklich zu ihren Bedürfnissen, und müssen wir Eltern wirklich dafür sorgen, dass die Kinder diese Erwartungen erfüllen? Müssen wir uns schämen, wenn unsere Kinder nicht das tun, was die Gesellschaft fordert?

Ich denke, wir Eltern dürfen uns entspannen. Bei der Recherche für mein Buch ist mir immer klarer geworden, dass ein großer Teil des Drucks, den wir Eltern spüren, nichts mit unseren Kindern oder unserer Qualität als Eltern zu tun hat. Kinder müssen nicht von klein auf darauf getrimmt werden, sich brav und angepasst zu verhalten, sie müssen nicht ständig fit gemacht werden für den Arbeitsmarkt, der auf sie wartet, und sie müssen auch nicht immer mehr und effektiveren Spaß in immer kürzerer Zeit haben. Kinder dürfen sich Zeit nehmen, Umwege gehen, scheitern und wieder aufstehen und Eltern dürfen sie dabei begleiten. Was wir unseren Kindern wirklich mitgeben können, ist unsere Liebe und unser Vertrauen in ihre Fähigkeiten.

Viele gesellschaftliche Vorgaben üben schon sehr früh großen Druck auf unsere Kinder aus. Sie müssen funktionieren, besser werden, lernen und Leistung bringen, um neben der Konkurrenz zu bestehen. Sie müssen aber auch ständig Spaß haben, was erleben, ihre Hobbys haben, Instrumente lernen und nichts verpassen. An diesen Anforderungen scheitern schon viele Erwachsene. Sie klagen über Zeitnot und Stress und werden krank. Dass das, was für uns Erwachsene schon zu viel wird, den Kindern nicht guttun kann, sollte eigentlich klar sein. Und dennoch geben wir ständig Gas. Allerdings, so denke ich, sollte es nicht die Aufgabe der Eltern sein, diesen Druck noch zu erhöhen und ständig noch mehr aus der Ressource Kind herauszuholen. Vielmehr sollten Eltern ihre Kinder davor schützen und in ihnen die Seiten stärken, die heute zu kurz kommen. Wir sollten unsere Kinder Müßiggang und Langsamkeit lehren, mit ihnen in den Wald gehen und Schnecken beobachten, uns an ihrer Lebendigkeit erfreuen und das Herz vor dem Verstand schulen. So düngen wir in ihnen den Keim der Begeisterung für das Leben, aus dem schließlich der Baum der Erkenntnis wachsen kann, wenn es denn so weit ist. Das Leben hat noch einen anderen Wert als die Summe der in ihm erzielten Leistungen. Und diesen Wert finden wir in den Menschen und in den Erlebnissen, die uns begegnen und die unser Innerstes berühren.

Wir müssen unsere Kinder nicht ständig animieren und korrigieren, sie bespaßen und belehren und uns für jede Lebensäußerung des Kindes ver- antwortlich fühlen. Wir dürfen uns entspannen und einfach mal das gemeinsame Tun genießen. Kinder brauchen Begleiter und Weggefährten, die sie sehen und ihre Bedürfnisse wahrnehmen, die auf sie eingehen und sich ihnen liebevoll zuwenden. Und dieses Miteinander sollte im Vordergrund stehen. Wenn Sie mit Ihrem Kind basteln, geht es nicht darum, die Schere und den Stift korrekt zu halten, sondern darum, etwas gemeinsam zu tun und sich für etwas zu begeistern. Auf dem Spielplatz muss das Kind nicht jedes Klettergerüst ausprobieren und auch im Kindergarten muss es nicht jedes Angebot mitnehmen. Es darf auch verweilen und wiederholen. Es geht nicht darum, möglichst viele Informationen und Erfahrungen in den Gehirnen unserer Kinder zu speichern. Es geht vielmehr um die Lust an der Handlung, die Lust daran, etwas zu können, sich auszuprobieren und eine gemeinsame Welt zu teilen. Das ist Frühförderung, Erziehung und Lebensbemeisterung genug.

TEIL 5

Anhang

Sagen Sie mir Ihre Meinung!

Haben Sie Kritikpunkte, Fragen oder Diskussionsbedarf?
Dann hinterlassen Sie einen Beitrag auf meiner Facebookseite

www.facebook.com/pages/Sitzplatzaus/273611139430170

oder schauen Sie auf meiner Webseite vorbei.
Schreiben Sie ins Gästebuch oder erreichen Sie mich über das Kontaktformular persönlich.

http://sitzplatzaus.npage.de/

Ich bin gespannt auf Ihre Meinung.

Liebe Grüße,
Eva

Literatur

Bauer, Joachim (2010): *Das Gedächtnis des Körpers. Wie Beziehungen und Lebensstile unsere Gene steuern.* Piper, München.

Bauer, Joachim (2008): *Lob der Schule. Sieben Perspektiven für Schüler, Lehrer und Eltern.* Heyne, München.

Bauer, Joachim (2006): *Warum ich fühle, was du fühlst.* 9. Aufl., Heyne, München.

Brisch, Karl H. (2011): *SAFE – Sichere Ausbildung für Eltern. Sichere Bindung zwischen Eltern und Kind.* Klett-Cotta, Stuttgart.

Dalai Lama (2011): *Rückkehr zur Menschlichkeit.* Bastei Lübbe, Köln.

Dalai Lama; Cutler, H. C. (2012): *Die Regeln des Glücks.* Herder, Freiburg.

Erich Fromm Archiv (2013): *Erich Fromm online Glossar.* Quelle: http://www.erich-fromm-online.de/index.php/component/glossary/Erich-Fromm-Glossar-3/L/Liebe-zum-Lebendigen-%28Biophilie%29-128 Stand: 08.09.2013.

Ev-Ustrof, Anne (2012): *Allererste Liebe.* Klett-Cotta, Stuttgart.

Gebhardt, Miriam (2009): *Die Angst vor dem kindlichen Tyrannen. Eine Geschichte der Erziehung im 20. Jahrhundert.* Deutsche Verlags-Anstalt, München.

Gronemeyer, Marianne (2013): *Bildung braucht Gastlichkeit.* In: Brennstoff No. 33, 5–9.

Honoré, Carl (2008): *Kinder unter Druck. Rettet die Kindheit vor Schule und Übereltern.* Fackelträger, Köln.

Hüther, Gerald (2011): *Könnten wir anders sein? Vortrag auf der Konferenz »Weichen stellen. Wege zu zukunftsfähigen Lebensweisen.«* Denkwerk Zukunft. Quelle: http://www.youtube.com/watch?v=MrYcRzN91eE Stand: 29.04.2013.

Huhki, Henri Quelcun (2013): *Warum gibt es keinen PISA-Test für Herzensbildung?* In: Brennstoff, No. 33, 18–19.

Imlau, Nora (2013): *Attachment Parenting: Ist das was für uns?* Eltern 4/2013, S. 23–24.

Kast-Zahn, A. (2007): *Jedes Kind kann Regeln lernen.* 8. Aufl., Gräfe und Unzer.

Liedloff, Jean (2013): *Auf der Suche nach dem verlorenen Glück.* Auflage: Neuauflage, Nachdruck. 28. Februar 2013; Beck.

Minkmar, Nils (2013): *Die Überforderung der Kindheit.* In: Frankfurter Allgemeine. Feuilleton. 10.07.2013 Quelle: http://www.faz.net/aktuell/feuilleton/lebensprojekt-kind-die-ueberforderung-der-kindheit-12277772.html Stand: 27.08.2013.

Pfleger, Florian (2013): *Der Machtbegriff bei Foucault.* Quelle: http://philo.at/wiki/index.php/Der_Machtbegriff_bei_Foucault Stand: 08.04.2013.

Planetwissen (2013): *Epigenetik.* http://www.planet-wissen.de/natur_technik/forschungszweige/epigenetik/index.jsp Stand: 29.07.2013.

Renz-Polster, Herbert (2011): *Kinder verstehen. Born to be wild. Wie die Evolution unsere Kinder prägt.* 4. üb. Aufl., Kösel, München.

Team Hundeerziehung mit Erfolg (2012): *Einfache Hundeerziehung: Schritt für Schritt erklärt – Grunderziehung und Verhalten ändern.* Brainhamster.

Valk, Judith (1985): *Werkblatt – Zeitschrift für Psychoanalyse und Gesellschaftskritik.* Nr. 4/5, 3/4 – 1985; Quelle: http://www.werkblatt.at/archiv/4-5_Valk.pdf Stand 27.03.2013.

Von Hirschhausen, Eckart (2009): *Glück kommt selten allein.* Rowohlt, Reinbek bei Hamburg.

Selbstwert – das Fundament erfolgreicher Erziehung

Dan Svarre, Dänemarks erfolgreichster Erziehungs-experte neben Jesper Juul, zeigt anhand zahlreicher Beispiele aus dem Alltag, welche Worte und Hand-lungen ein Kind spüren lassen, dass es richtig und unersetzbar ist.

So viel ein Kind auch gelobt wird, das Gefühl, wertvoll zu sein, erfährt es auf andere Art. Ein Gespür für Eigenheit ist dafür ebenso wichtig wie Freundschaft mit sich selbst. Der intakte Selbstwert, der so entsteht, führt wie ein Kompass sicher durch Kindheit und Pubertät – und darüber hinaus.

»Je bewusster und gezielter Sie sich mit dem Selbstwert Ihres Kindes beschäftigen, desto deutlicher werden Sie erkennen, was für eine einzigartige Kraft davon ausgeht: ein Zu-sammenhalt, den Sie in Ihrer Familie und in Bindungen zu anderen Menschen spüren können.« Dan Svarre

Dan Svarre
»Du bist einzigartig«
Starker Selbstwert - starkes Kind
Aus dem Däniischen von Kerstin Schöps
broschiert, 160 Seiten
ISBN 978-3-407-85960-0

BELTZ